Vue.js

DANS LA MÊME COLLECTION

S. Ringuedé. – **SAS.**
N° 67631, 2019, 688 pages.

M. Bidault. – **Programmation Excel avec VBA.**
N° 67786, 2019, 512 pages.

R. Goetter. – **CSS 3 Grid Layout.**
N° 67683, 2019, 131 pages.

C. Blaess. – **Solutions temps réel sous Linux.**
N° 67711, 3e édition, 2019, 318 pages.

C. Pierre De Geyer, J. Pauli, P. Martin, E. Daspet. – **PHP 7 avancé.**
N° 67720, 2e édition, 2018, 736 pages.

H. Wickham, G. Grolemund. – **R pour les data sciences.**
N° 67571, 2018, 496 pages.

F. Provost, T. Fawcett. – **Data science pour l'entreprise.**
N° 67570, 2018, 370 pages.

J. Chokogoue. – **Maîtrisez l'utilisation des technologies Hadoop.**
N° 67478, 2018, 432 pages.

H. Ben Rebah, B. Mariat. – **API HTML 5 : maîtrisez le Web moderne !**
N° 67554, 2018, 294 pages.

W. McKinney. – **Analyse de données en Python.**
N° 14109, 2015, 488 pages.

E. Biernat, M. Lutz. – **Data science : fondamentaux et études de cas.**
N° 14243, 2015, 312 pages.

SUR LE MÊME THÈME

É. Sarrion. – **React.js.**
N° 67756, 2019, 350 pages.

T. Parisot. – **Node.js.**
N° 13993, 2018, 472 pages.

C. Herby. – **Apprenez à programmer en Java.**
N° 67521, 2018, 788 pages.

Brice Chaponneau

Vue.js

Applications web complexes et réactives

ÉDITIONS EYROLLES
61, bd Saint-Germain
75240 Paris Cedex 05
www.editions-eyrolles.com

Avant-propos

Comment lire cet ouvrage ?

L'ouvrage est construit de manière incrémentale sur la compréhension et l'utilisation de Vue.js : de l'installation du cœur et des packages principaux de ce framework à la création d'un projet complet, en passant par l'ensemble de ses composantes, la préconisation d'outils et leur configuration mais également des astuces d'écriture de code ou d'optimisation d'exécution.

Que contient ce livre ?

Pour appuyer les chapitres décrivant une composante majeure de Vue, des exercices seront proposés afin de bien en comprendre les rouages. Ils mèneront à un projet final. Il est donc conseillé de lire ce livre chapitre après chapitre.

Le premier chapitre est la mise en lumière de Vue. Le deuxième chapitre expose la multitude de possibilités offertes pour installer et/ou utiliser Vue et propose un panel d'outils, ainsi que leur configuration. Les chapitres suivants décortiquent les paradigmes du framework.

À qui s'adresse-t-il ?

Vue est écrit en JavaScript (JS) et ce livre n'a pas vocation à reprendre les bases de ce langage, ni les conventions ECMAScript – même si nous y trouverons quelques rappels et comparaisons – mais à disséquer ce framework. Il est donc nécessaire que le lecteur connaisse les bases de JS, du langage HTML et des styles CSS. Notons cependant que les exemples vont à l'essentiel afin d'exposer un sujet précis et ne veulent en aucun cas perdre le lecteur dans des propositions surchargées.

Code source en téléchargement

Tous les codes sources sont également disponibles sur l'espace de téléchargement dédié sur le site des éditions Eyrolles (editions-eyrolles.com/dl/0067783) afin de permettre au lecteur de se focaliser sur la compréhension et les tests plutôt que sur la réécriture.

Un fichier nommé `Readme.html` à la racine de ce dossier de téléchargement apporte une explication simple et détaillée pour pouvoir lancer les serveurs et apprécier le code ainsi que le rendu.

Table des matières

Introduction

Vue (prononcé « view ») est un framework évolutif JavaScript front-end et open source qui permet de construire des interfaces web utilisant des liaisons de données MVVM (Modèle-Vue-Vue-Modèle) très simplement, le tout architecturé autour du composant et surtout de la réutilisabilité.

Il est possible de réaliser des composants unitaires, des applications SPA *(Single Page Application)*, SSR *(Server Side Rendering)*, Mobile… De plus, un projet Vue peut être couplé avec d'autres outils ou bibliothèques tierces.

Vue est disponible sur le site officiel du framework à l'adresse suivante : https://vuejs.org/.

Historique de Vue.js

Après avoir travaillé chez Google sur divers projets avec leur framework AngularJS, Evan You a implémenté un framework plus léger, organisé et plus modulable. La première version de Vue a été déposée sur GitHub en février 2014 et son code couvert par des tests unitaires sous Karma (bibliothèque JavaScript de tests unitaires).

Aujourd'hui, ce projet est maintenu par divers auteurs à l'international tant pour le noyau que pour les outils et modules complémentaires.

Comparatif des frameworks JavaScript actuels

À ce jour, il existe une multitude de bibliothèques JavaScript telles que JQuery, Angular, Ember et React pour ne citer que les plus populaires. Voici quelques comparatifs que nous pouvons apprécier concernant l'évolution de l'utilisation et de la cote de popularité de Vue.js et ce, malgré sa jeunesse somme toute relative.

La figure I-1 présente les statistiques NPM (graphique) et GitHub (tableau) des frameworks JS sur 2 ans, avec comme métriques la popularité et la tendance d'utilisation avec les curseurs suivants :

- *stars* : popularité des utilisateurs ;
- *forks* : nombre de copies des référentiels faites par les utilisateurs ;
- *issues* : nombre d'anomalies remontées par les utilisateurs.

On observe donc qu'à ce jour, React.js est en première position et Vue.js en deuxième position. Il faut garder en mémoire que React a eu la promotion de Facebook et que ce framework est né 1 an avant Vue. Evan You a su promouvoir son projet, le rendre fiable et populaire.

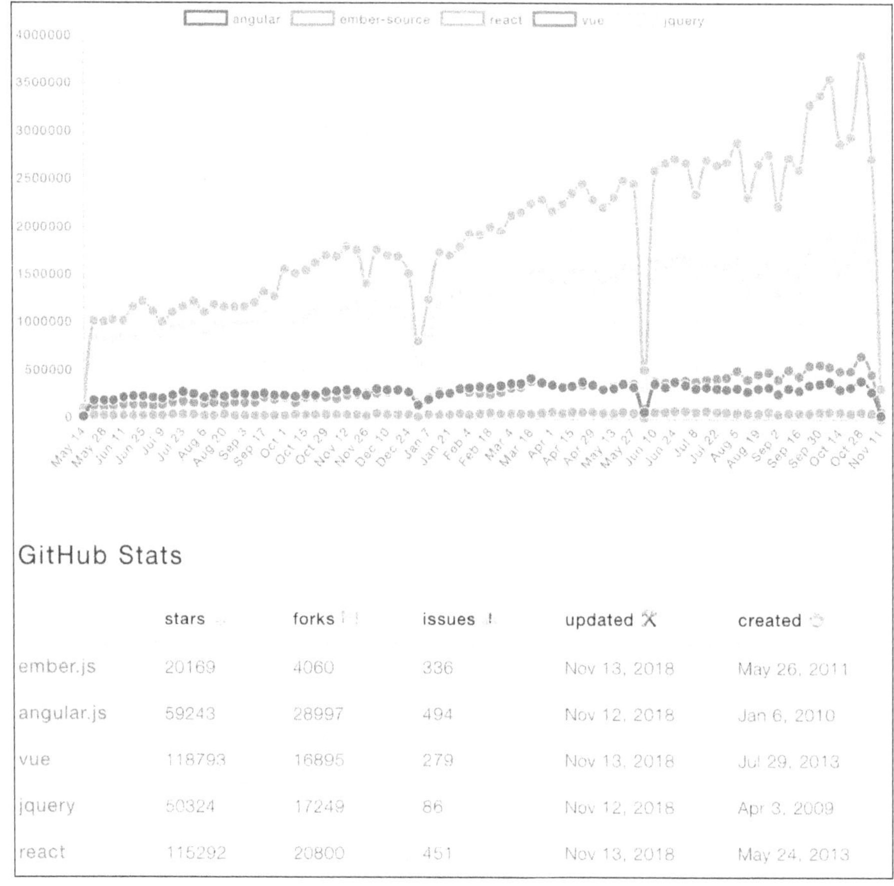

	stars	forks	issues	updated	created
ember.js	20169	4060	336	Nov 13, 2018	May 26, 2011
angular.js	59243	28997	494	Nov 12, 2018	Jan 6, 2010
vue	118793	16895	279	Nov 13, 2018	Jul 29, 2013
jquery	50324	17249	86	Nov 12, 2018	Apr 3, 2009
react	115292	20800	451	Nov 13, 2018	May 24, 2013

Figure I-1 – Comparatif des frameworks JS
(Source : https://www.npmtrends.com)

Cet autre site donne d'abord les statistiques de popularité (onglet ***Popular***) et dans un second temps la tendance d'utilisation (onglet ***Trending***) des frameworks actuels (figures I-2 et I-3).

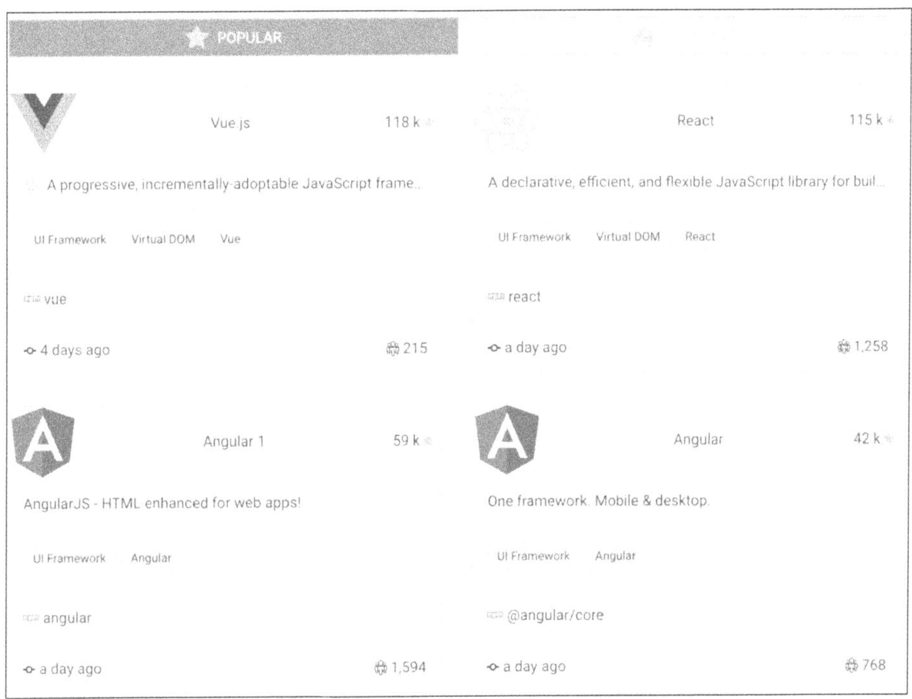

Figure I-2 – Popularité des frameworks JS sur 1 an (Source : https://bestof.js.org)

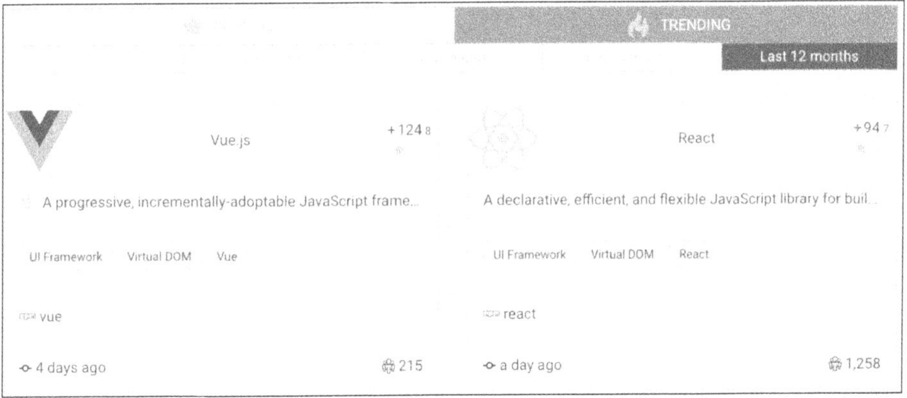

Figure I-3 – Tendance de l'utilisation des frameworks JS sur 1 an (Source : https://bestof.js.org)

Pour finir, observons un benchmark lancé sur un MacBook Pro 15 (2,5 GHz i7, 16 Go RAM, OS X 10.12.5, Chrome 58.0.3029.110, 64-bit) dans lequel nous avons pour le premier tableau le temps d'exécution (exprimé en millisecondes) de plusieurs méthodes classiques, puis dans le second tableau l'allocation mémoire utilisée après le chargement de la page et après avoir ajouté 1 000 lignes (figure I-4).

Plus la cellule du tableau tend vers le foncé, pire est le traitement, et inversement lorsqu'elle tend vers le clair.

Nous constatons que le VanillaJS (nom moderne pour parler de JavaScript natif) est forcément en première position et que Vue est en deuxième position !

Durée en millisecondes ± écart type

(Ralentissement = Durée / Le plus rapide)

Name	vanillajs-keyed	vue-v2.5.16-keyed	angular-v6.1.0-keyed	react-v16.4.1-keyed
create rows Duration for creating 1000 rows after the page loaded.	126.7 ± 4.2 (1.0) 0.000%	182.1 ± 7.6 (1.4) 44.651%	185.2 ± 10.2 (1.5) 100.000%	180.5 ± 7.3 (1.4) 24.803%
replace all rows Duration for updating all 1000 rows of the table (with 5 warmup iterations).	134.6 ± 2.3 (1.0) 0.000%	158.8 ± 2.7 (1.2) 6.653%	161.2 ± 2.7 (1.2) 100.000%	157.3 ± 2.0 (1.2) 0.200%
partial update Time to update the text of every 10th row (with 5 warmup iterations) for a table with 10k rows.	65.1 ± 2.6 (1.0) 2.021%	156.4 ± 9.8 (2.4) 0.000%	68.8 ± 3.7 (1.1) 100.000%	81.9 ± 2.7 (1.3) 0.000%
select row Duration to highlight a row in response to a click on the row. (with 5 warmup iterations).	11.0 ± 2.3 (1.0) 6.835%	10.6 ± 2.0 (1.0) 9.872%	7.9 ± 4.3 (1.0) 100.000%	10.3 ± 2.1 (1.0) 13.580%
swap rows Time to swap 2 rows on a 1K table. (with 5 warmup iterations).	17.5 ± 6.7 (1.0) 0.000%	20.0 ± 2.9 (1.1) 0.000%	105.8 ± 1.8 (6.1) 100.000%	106.5 ± 1.9 (6.1) 40.068%
remove row Duration to remove a row. (with 5 warmup iterations).	46.1 ± 0.9 (1.0) 32.138%	54.2 ± 2.2 (1.2) 0.001%	47.1 ± 3.0 (1.0) 100.000%	49.6 ± 0.8 (1.1) 2.607%
create many rows Duration to create 10,000 rows	1,229.1 ± 39.7 (1.0) 0.000%	1,603.2 ± 34.8 (1.3) 0.279%	1,693.9 ± 70.1 (1.4) 100.000%	1,935.4 ± 33.6 (1.6) 0.000%
append rows to large table Duration for adding 1000 rows on a table of 10,000 rows.	205.6 ± 4.0 (1.0) 0.000%	342.5 ± 6.0 (1.7) 0.000%	243.3 ± 6.3 (1.2) 100.000%	268.6 ± 6.9 (1.3) 0.000%
clear rows Duration to clear the table filled with 10.000 rows.	131.4 ± 3.9 (1.0) 0.000%	191.9 ± 6.1 (1.5) 0.000%	263.9 ± 3.0 (2.0) 100.000%	175.4 ± 4.1 (1.3) 0.000%
slowdown geometric mean	1.00	1.37	1.50	1.50

Allocation de mémoire en Mo ± écart-type

Name	vanillajs-keyed	vue-v2.5.16-keyed	angular-v6.1.0-keyed	react-v16.4.1-keyed
ready memory Memory usage after page load.	2.0 ± 0.0 (1.0) 0.000%	2.7 ± 0.2 (1.4) 0.000%	6.0 ± 0.0 (3.1) 100.000%	2.8 ± 0.2 (1.4) 0.000%
run memory Memory usage after adding 1000 rows.	2.3 ± 0.1 (1.0) 0.000%	7.1 ± 0.0 (3.1) 0.000%	9.8 ± 0.0 (4.2) 100.000%	6.7 ± 0.0 (2.9) 0.000%
update eatch 10th row for 1k rows (5 cycles) Memory usage after clicking update every 10th row 5 times	2.6 ± 0.1 (1.0) 0.000%	7.2 ± 0.0 (2.8) 0.000%	9.8 ± 0.0 (3.8) 100.000%	7.6 ± 0.0 (3.0) 0.000%
replace 1k rows (5 cycles) Memory usage after clicking create 1000 rows 5 times	2.8 ± 0.1 (1.0) 0.000%	7.2 ± 0.0 (2.6) 0.000%	10.1 ± 0.0 (3.6) 100.000%	7.9 ± 0.0 (2.9) 0.000%
creating/clearing 1k rows (5 cycles) Memory usage after creating and clearing 1000 rows 5 times	2.5 ± 0.0 (1.0) 0.000%	3.0 ± 0.0 (1.2) 0.000%	6.4 ± 0.0 (2.5) 100.000%	3.8 ± 0.0 (1.5) 0.000%

MAUVAIS

BON

Figure I-4 – Benchmark de rapidité d'exécution et d'allocation mémoire des frameworks JS (Source : https://www.stefankrause.net)

Rappels de modélisation en génie logiciel

Architecture MVC

En génie logiciel, le modèle-vue-contrôleur *(Model-view-controller)* est une architecture destinée à découper une application en couches (figure I-5), surtout pour les interfaces web.

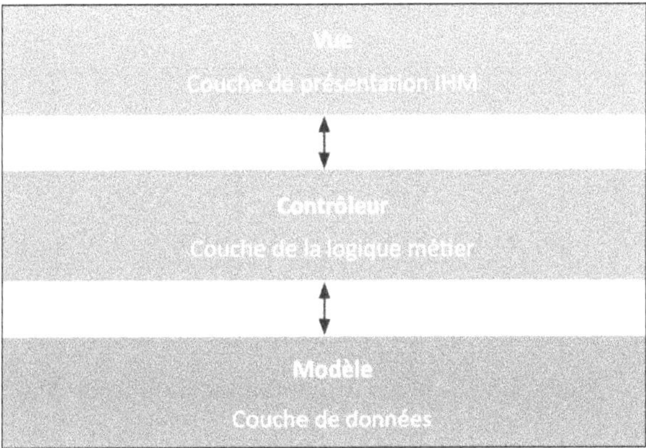

Figure I-5 – Schéma du modèle MVC

Architecture MVVM

En génie logiciel, le modèle-vue-vue modèle *(Model-view-viewmodel)* est une architecture et une méthode de conception qui est originaire de Microsoft, notamment pour WPF et Silverlight. Très similaire au modèle MVC avec une accentuation des principes de binding (liaison) et events (événements). C'est sur cette modélisation que s'appuie le framework Vue.js.

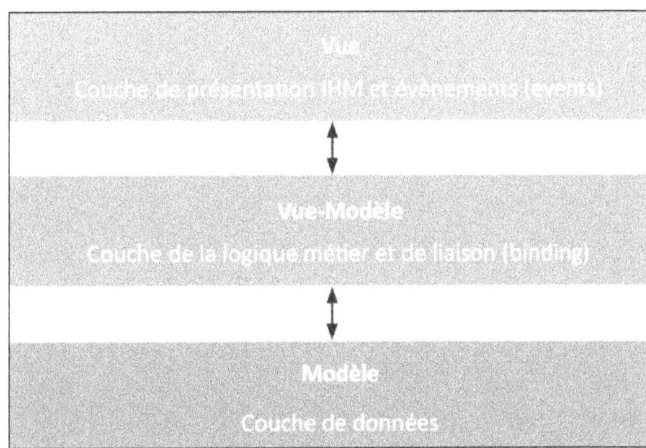

Figure I-6 – Schéma du modèle MVVM

Front-end et back-end

Ici, nous parlons d'organisation, de rôle, de métier…

Le back-end est la partie « immergée de l'iceberg », invisible pour les utilisateurs. Il est le cœur de l'application où l'on retrouve les données et le cœur métier.

Le front-end, quant à lui, est la « pointe de l'iceberg », visible par les utilisateurs. Il représente l'interface : les formulaires et le design de l'application.

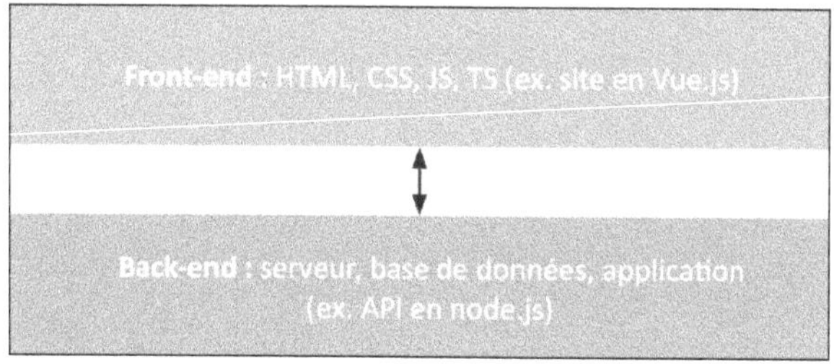

Figure I-7 – Schéma de communication front-end et back-end

1

Installer et utiliser Vue.js

Une version par environnement

Il est possible d'utiliser Vue de différentes manières, mais gardons en tête qu'il existe deux packages très distincts :

- la version de développement : débogage facilité et interaction avec divers outils (voir chapitre 2 sur les outils, page 13) ;
- la version de production : compressée au maximum (minifiée), ce qui aura pour désavantage de ne pas disposer de la richesse des messages d'informations du framework.

Important

Vue ne supporte pas les versions d'Internet Explorer (IE) 8 et inférieures car il utilise des fonctionnalités d'ECMAScript 5.

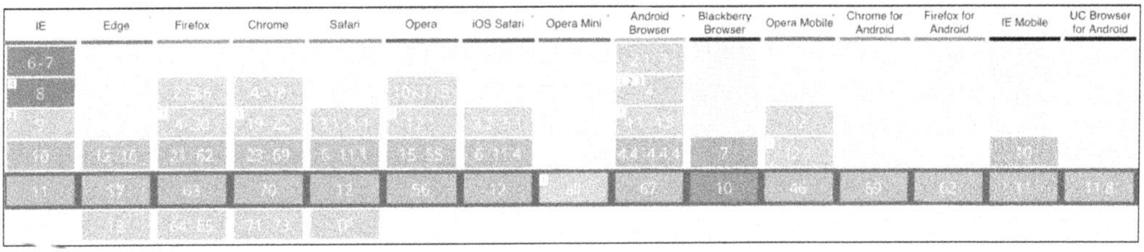

Figure 1-1 – Compatibilité des navigateurs pour ES5
(Source : https://caniuse.com/#feat=es5)

Sources du framework

Autonome – Source officielle

La version Autonome signifie que nous avons en notre possession les sources de Vue. Il suffit de télécharger le fichier désiré et de l'inclure avec un tag script dans son fichier HTML. Ensuite, Vue doit être enregistré comme une variable globale (voir chapitre 3 : Instance de Vue) :

- développement : https://fr.vuejs.org/js/vue.js
- production : https://fr.vuejs.org/js/vue.min.js

CDN – Serveur de distribution

Un CDN *(Content Delivery Network)* stocke sur ses serveurs les sources du framework et nous les propose via un lien directement exploitable dans nos sources. Le site officiel de Vue.js préconise d'utiliser le CDN de `unpkg` qui fournit la dernière version stable possible afin de refléter le package fournit par NPM. Mais il est possible de s'appuyer sur d'autres CDN tels que `jsdelivr` et `cdnjs`.

- https://unpkg.com/vue@2.5.17/dist/vue.min.js
- https://cdn.jsdelivr.net/vue/2.3.2/vue.min.js
- https://cdnjs.cloudflare.com/ajax/libs/vue/2.3.4/vue.min.js

Note

Par défaut, la version proposée est la version minifiée, mais il est possible de supprimer la mention .min dans l'URL afin d'obtenir la version de développement.

Nuxt – Le framework universel

Nuxt est un projet dédié à Vue.js qui embarque en son sein les packages de Vue, Webpack et Babel (*transpiler* qui convertit le code ES en JS). Sont intégrés dans le package vue-router, Vuex et vue-meta. Il suffit de se rendre sur le site https://fr.nuxtjs.org/ pour en savoir plus.

Vue CLI – Le générateur de projet officiel

Vue.js offre une CLI *(Command Line Interface)* officielle qui est une interface en ligne de commande pour générer un projet configuré avec les dépendances préconisées. Dans le terminal, il convient de saisir la commande pour l'installation de la CLI :

Installation de la CLI

```
npm install -g @vue/cli
```

Puis de créer un projet :

Création du projet

```
vue create nom-de-mon-project
```

Il faut ensuite se rendre sur la page https://cli.vuejs.org/ pour lire la documentation officielle détaillée.

CodeSandbox – Une solution clé en main

Le site CodeSandbox (https://codesandbox.io/s/vue) fournit un environnement complet et personnalisable pour développer rapidement et sans aucune installation requise (intégration de VS Code). Il peut être, et c'est d'ailleurs recommandé, couplé avec un compte Git.

CodeSandbox est aussi capable d'injecter des dépendances tierces. C'est un véritable IDE (*Integrated Development Environment* ou Environnement de développement) complet en ligne qui, par ailleurs, propose VS Code en guise d'outil d'écriture de code.

Bower – Un gestionnaire de dépendances

Bower est un outil, un gestionnaire de dépendances, à installer sur sa machine. C'est une solution que nous ne développerons pas ici mais qui mérite d'être mentionnée. Pour ceux qui l'utilisent, saisissez la ligne suivante dans l'invite de commande :

```
bower install vue
```

NPM (ou Yarn) – Le gestionnaire de référence

NPM est l'outil indispensable à avoir sur sa machine. Il est installé avec Node.js et est disponible à l'adresse suivante : https://www.npmjs.com/get-npm.

Utilisé avec le terminal, il permet de gérer les dépendances et s'intègre très facilement avec un empaqueteur de modules *(module bundler)* tel que Webpack, Parcel, Rollup…

Après l'avoir installé, il convient de saisir la ligne suivante dans l'invite de commande :

```
npm install vue
```

Empaqueteurs de modules

Voici les configurations pour les empaqueteurs les plus populaires et un benchmark comparatif.

Webpack

Disponible sur la page https://webpack.js.org/, Webpack est l'empaqueteur le plus populaire. Il demande néanmoins un temps assez important de compréhension et surtout de configuration avant de pouvoir monter un projet. Voici sa configuration pour Vue :

```
module.exports = {
  // ...
  resolve: {
    alias: {
      'vue$': 'vue/dist/vue.esm.js'
    }
  }
}
```

Rollup.js

Rollup est assez proche de Webpack en termes de configuration. Cependant, c'est celui qui met le moins de temps à compiler les sources, que ce soit pour le mode Développement comme pour le mode Production. Il est disponible à l'adresse https://rollupjs.org/guide/en et sa configuration (fichier `package.json`) pour Vue est la suivante :

```
const alias = require('rollup-plugin-alias')

rollup({
  // ...
  plugins: [
    alias({
      'vue': 'vue/dist/vue.esm.js'
    })
  ]
})
```

Parcel.js

Parcel est le plus léger des empaqueteurs, tant en poids qu'en configuration. Il a pour vocation de ne nécessiter aucune configuration, tout est intégré. Il est sûrement à privilégier pour de petits projets et des POC *(proof of concept)*. Pour plus d'information sur Parcel, consulter le site https://parceljs.org/. Pour ajouter la prise en charge des fichiers .vue, il suffit d'ajouter le code suivant dans le fichier `package.json` :

```
{
  // ...
  "alias": {
    "vue": "./node_modules/vue/dist/vue.common.js"
  }
}
```

Benchmark

Pour un même projet, relancé trois fois, voici les temps d'exécution en secondes pour chacun des empaqueteurs :

Tableau 1-1. Benchmark d'exécutions des empaqueteurs

Empaqueteur	1er lancement	2e lancement	3e lancement	Moyenne
Webpack	3,828	3,456	3,902	3,728
Rollup.js	0,650	0,498	0,495	0,547
Parcel.js	15,05	5,674	4,876	8,533

Notons que ce test est soit pour le mode Développement, soit pour le mode Débogage. Pour le mode Production, les temps sont sensiblement les mêmes sauf pour Parcel.js qui est complètement hors-jeu avec un temps de premier lancement multiplié par dix.

2

Les outils préconisés et leur configuration

Les divers outils présentés ici ne sont absolument pas obligatoires, mais sont recommandés afin de gagner en célérité, en visibilité et en assistance. Ils sont tous gratuits et/ou open source.

VS Code Debugger for Chrome

Description

Il existe de multiples IDE, mais à ce jour, il n'existe qu'une seule extension pour VS Code de Microsoft (*Visual Studio Code*) pour déboguer son code pas à pas. Elle est disponible pour le navigateur Google Chrome.

VS Code est disponible en multi-plate-forme (Windows, Mac et Linux) à l'adresse suivante : https://code.visualstudio.com/.

Configuration

Voici les étapes à suivre pour configurer VS Code Debugger for Chrome.

1. Sous VS Code, ouvrons un répertoire via l'explorateur afin de charger notre environnement de travail *(workspace)*.
2. Dans le menu latéral gauche, nous cliquons sur l'icône ***Extensions*** (▣) et nous saisissons Debugger for Chrome dans le champ de recherche pour l'installer (figure 2-1).

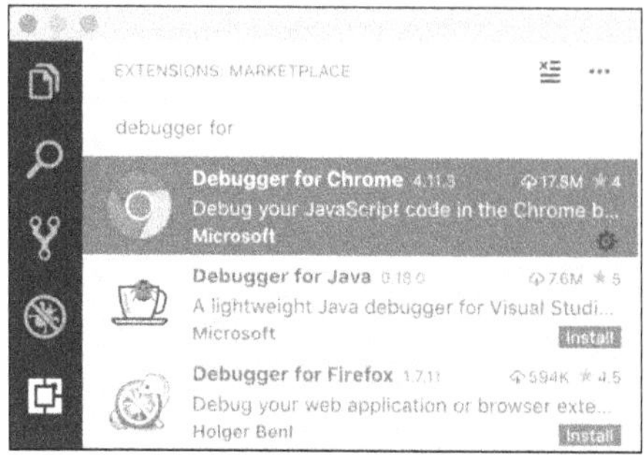

Figure 2-1 – Ajout de l'extension Debugger for Chrome

3. À ce stade, deux possibilités :
   - Répertoire de travail ouvert : cliquer sur ***Debug***, puis sélectionner ***Add Configuration…*** dans le menu déroulant (figure 2-2).

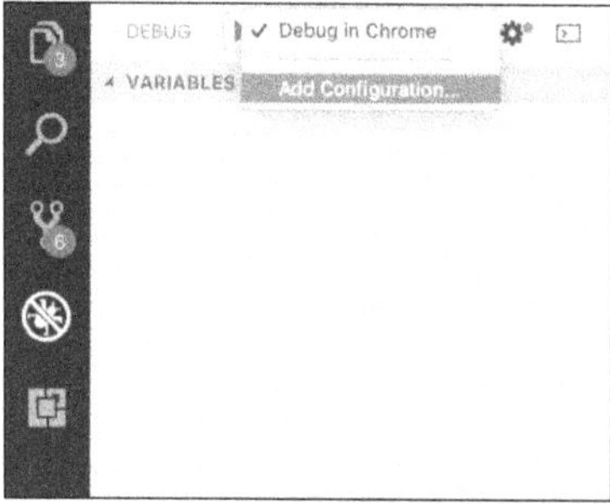

Figure 2-2 – Ajout d'une configuration pour l'extension Debugger for Chrome dans Visual Studio Code

   - Dans le menu principal, cliquer sur ***Debug*** puis ***Add Configuration***.

Un répertoire nommé `.vscode` est créé dans l'explorateur de VS Code, à la racine de notre projet. Il contient un fichier nommé `launch.json`.

Saisissez le code suivant dans la fenêtre d'édition qui s'ouvre ou, si ce n'est pas le cas, déplier le répertoire `.vscode` puis ouvrir le fichier `launch.json`. :

Code de configuration

```
{
  "version": "0.2.0",
  "configurations": [
    {
      "type": "chrome",
      "request": "launch",
      "name": "Debug in Chrome",
```

```
          "url": "http://localhost:1234",
          "webRoot": "${workspaceFolder}/src/app"
        }
    ]
}
```

La partie importante est le contenu de la clé `configurations`. La version peut être différente en fonction de la version de l'outil de gestion des configurations de Visual Studio Code.

Les deux entrées à configurer en fonction de notre environnement sont :

- `url` : le point d'entrée de notre serveur, le port 1234 est celui par défaut sous Parcel. Il sera différent sous WebPack ou un autre empaqueteur.
- `webRoot` : le chemin indiquant où se trouve le fichier de notre application. Par principe, cela devrait être `main.js` ou `index.js`. Le mot-clé `workspaceFolder` est la variable de l'environnement de travail courant.

Déboguer pas à pas

Dans notre code, nous pouvons ajouter un point d'arrêt où nous le souhaitons (figure 2-3), puis lancer le site via le bouton ***Play*** (avec la flèche verte) :

```
testDebug
  console.log 'debug breakpoint' ;
 ,
```

Figure 2-3 – Point d'arrêt (breakpoint) dans Visual Studio Code

Il y aura automatiquement une interaction entre VS Code et Chrome. Sous VS Code, il suffit de regarder les écrans ***Watch***, ***Call stack*** et ***Breakpoints*** pour apprécier l'exhaustivité des données.

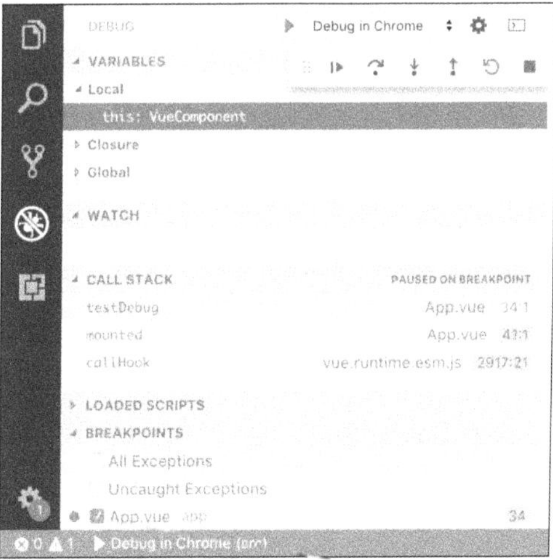

Figure 2-4 – Débogueur de Visual Studio Code

Vue.js devtools

Description

Cette extension de Google Chrome et Firefox permet de visualiser l'arbre des composants, le store de Vuex et les événements. Un allié de taille fortement recommandé ! (voir chapitre 10 sur les transitions, page 135)

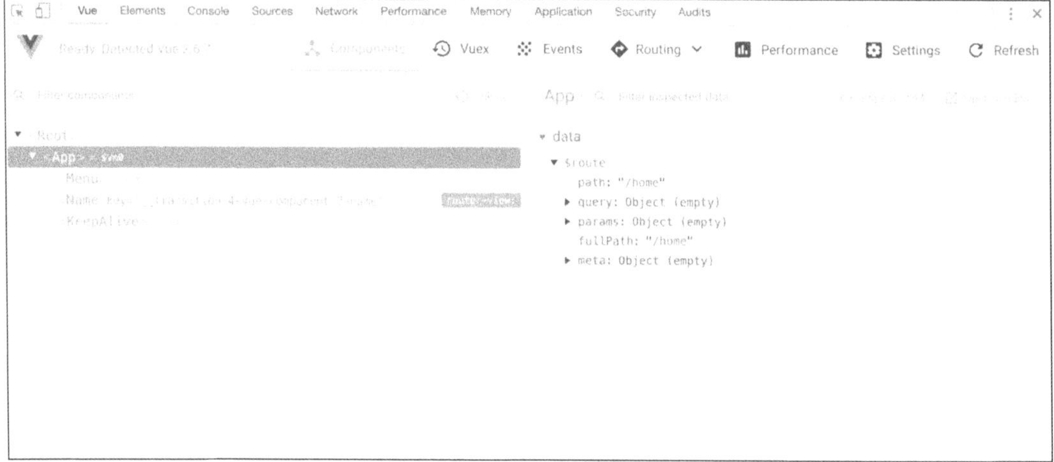

Figure 2-5 – Vue.js devtools

Les icônes de Vue.js devtools

- Visualisation des nœuds/composants et pour chacun, de l'ensemble des propriétés, des fonctions methods, computed…
- Visualisation des stores de VueX (module complémentaire de Vue).
- Visualisation et enregistrement des événements et des appels relatifs.
- Dédié au routage, au plug-in vue-router avec la visualisation de l'historique et de toutes les routes disponibles.
- Permet de tester la performance en termes de frames par seconde, mais également en temps de chargement en millisecondes pour chaque composants. De plus, il est possible de sauvegarder l'historique et de faire des benchmarks.
- Personnalisation et configuration de l'extension Vue devtools.
- Rafraîchissement des données.

Installation

Les liens suivants vous permettront d'installer l'extension Vue.js devtools en fonction de votre configuration :

- Google Chrome : https://chrome.google.com/webstore/detail/vuejs-devtools/nhdogjmejiglipccpnnnanhbledajbpd
- Firefox : https://addons.mozilla.org/fr/firefox/addon/vue-js-devtools/
- GitHub : https://github.com/vuejs/vue-devtools

Vue Performance Devtool

Description

L'extension Vue Performance Devtool inspecte les performances des composants de Vue et propose des statistiques de différentes mesures (voir le chapitre 10 sur les transitions, page 133).

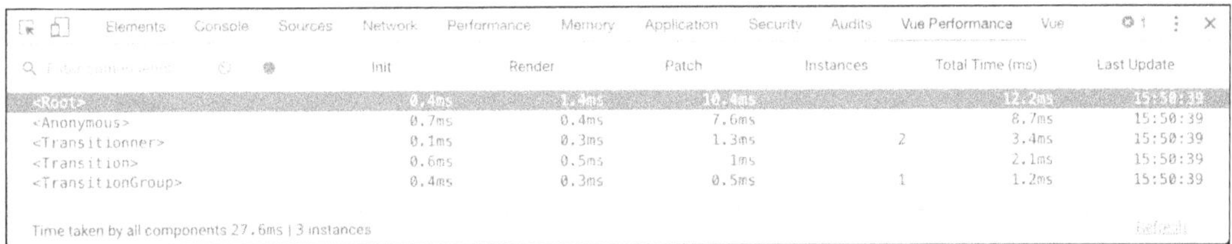

Figure 2-6 – Performances des composants dans Vue Performance Devtool

Cet outil nous permet d'apprécier pour chaque nœud/composant Vue :

- le temps d'initialisation ;
- le temps de rendu ;
- le temps de mise à jour ;
- le nombre d'instances sur la page courante ;
- le temps total ;
- l'heure de la dernière mise à jour.

Vetur

Description

Sous VS Code, l'extension Vetur offre un panel de fonctionnalités telles la coloration syntaxique, la prise en charge des composants monofichier, l'autocomplétion, le listing, le formatage de code…

C'est le module à avoir absolument pour développer facilement avec Vue.js car VSCode ne traite pas les fichiers `.vue` nativement. Le site officiel est le suivant : https://github.com/vuejs/vetur.

Figure 2-7 – L'extension Vetur

3

Les paradigmes fondamentaux de Vue.js

Instance de Vue.js

Avant toute chose, il est important de prendre note qu'une application Vue consiste à créer une instance à la racine d'un projet puis à agrémenter ce dernier avec des composants, mixins, *plug-ins*...

Création d'une instance de Vue

```
var vm = new Vue({
  // options
})
```

La variable `vm` (pour *viewmodel*) est employée en référence à une instance de Vue.

Notons que cette instance est elle-même un composant `Vue` et qu'elle peut contenir aucune, une ou plusieurs options telles que : `data`, `props`, `propsData`, `computed`, `methods` et `watch`. Avant de prendre connaissance de ces options (voir le chapitre 7 sur les composants, page 75), voyons ce que l'on appelle la « réactivité » dans Vue.

Au cœur du système réactif

La réactivité consiste en une mise à jour de l'interface suite à une modification apportée à un objet (option `data`). Les accesseurs/mutateurs transformés sont observés et dès qu'une modification est effectuée, l'observateur déclenche une fonction de rendu ce qui met à jour l'interface et donc les éléments du DOM, de manière asynchrone.

À chaque changement de donnée observé, la modification est ajoutée à une file d'attente (sorte de pile, *stack* en anglais) en mémoire contenant toutes les modifications de données qui se sont produites dans la même boucle d'événements (méthode d'instance `Vue.nextTick`).

Si le même observateur est déclenché plusieurs fois dans la même boucle, il ne sera ajouté qu'une seule fois, ce qui permet d'optimiser la mémoire en supprimant les doublons et les changements inutiles du DOM. À chaque boucle *(tick)*, Vue vide la file d'attente et effectue les modifications.

Vue préconise de développer en *data-driven* (code piloté par les données) mais dans certains cas, si l'on souhaite attendre que Vue ait terminé la mise à jour du DOM avant d'effectuer d'autres modifications, nous pouvons utiliser la méthode d'instance `nextTick`. La figure 3-1 représente la schématisation du système de réactivité au sein de Vue.js.

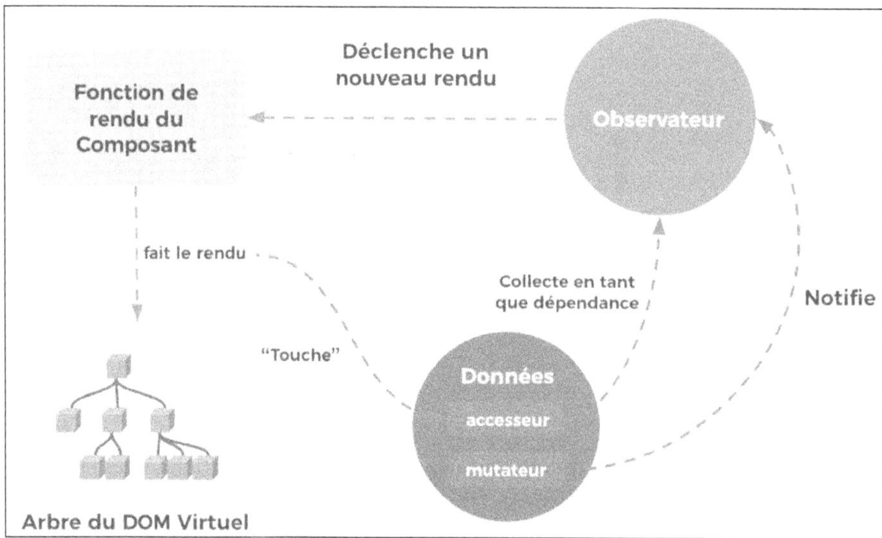

Figure 3-1 – Schéma du système réactif de Vue.js
(Source : https://vuejs.org/)

Bien que cela soit prématuré de présenter un extrait de code – qui peut paraître complexe – à cette étape du livre, il est important de garder en mémoire le mot-clé `nextTick` et son sens, quitte à revenir sur ce code après avoir pris connaissance des chapitres suivants.

Utilisation de nextTick

```
Vue.component('monComposant', {
  template: `<span>{{ txt }}</span>`,
  data: function () {
    return {
      txt: 'En attente...',
    }
  },
```

```
  methods: {
    changeTxt () {
      this.txt = 'Mis à jour';
      console.log(this.$el.textContent) // => 'En attente...'
      this.$nextTick(function () {
        this.txt = 'Fin';
        console.log(this.$el.textContent) // => 'Mis à jour'
      })
    }
  }
})
```

Lorsque la méthode `changeTxt` est appelée, la donnée `txt` est modifiée. L'observateur ajoute la modification dans la pile d'événements, il ajoute à la prochaine boucle une nouvelle affectation, puis il effectue le rendu de la vue du DOM. Le template sera un élément de type `span` ayant pour contenu `Mis à jour`, puis lors du `nextTick`, le `span` aura pour valeur `Fin`.

Bien entendu, cela n'est pas visible au rendu avec ce code sauf dans la console du navigateur. Il faudrait y ajouter la méthode `setTimeout` de JavaScript, par exemple, pour apprécier le changement visuel.

L'intérêt de ce code est réellement d'expliquer le fonctionnement du système réactif de Vue.

Organisation et optimisation de la structure de page HTML

DOM

Le DOM (*Document Object Model*) est le rendu affiché dans le navigateur une fois la page chargée. Ce document est structuré en arbre de nœuds et d'objets qui possèdent des propriétés et méthodes.

La problématique majeure est que pour chaque modification d'une information dans le DOM, comme un simple texte dans un titre, le navigateur va essayer de produire un nouveau rendu, ce qui demande de la mémoire et du temps.

DOM virtuel

Est donc apparu le DOM virtuel qui consiste à générer une arborescence d'objets JavaScript en mémoire et pour chaque modification, à mettre à jour ces objets. Deux versions sont conservées et lorsqu'un `nextTick` est déclenché, la différence des deux versions est calculée et met à jour le DOM.

VNode

Dans Vue.js, chaque nœud est conservé ainsi que les informations relatives que nous appelons VNode (pour *virtual node*, soit « nœud virtuel »). Ainsi, le DOM virtuel est l'arbre des VNodes, constitués des composants de Vue.

Cycle de vie d'une instance de Vue.js

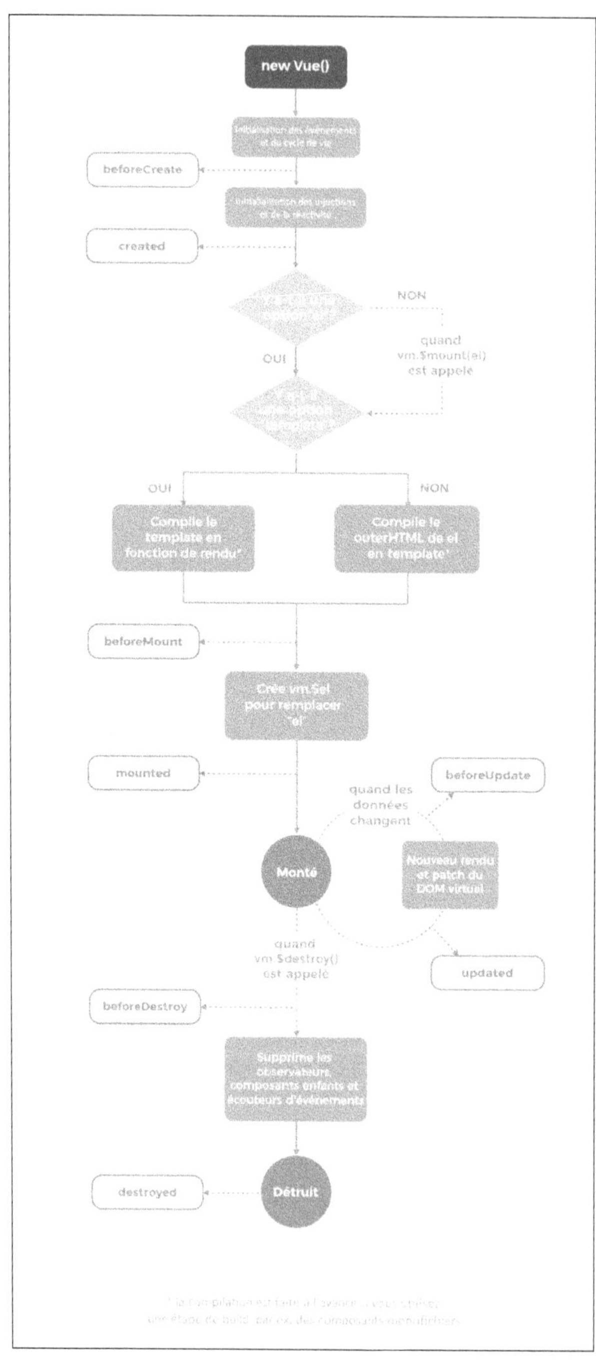

Figure 3-2 – Schéma du cycle de vie de l'instance de Vue.js (Source : https://vuejs.org/)

Hooks du cycle de vie

Chaque *hook* (ou méthode de crochet, c'est-à-dire une fonction qui s'attache à des événements) du cycle de vie est utilisable en tant que méthode dans les options de l'instance de Vue. Cela nous permet de garder la main à chaque état de notre projet.

Méthodes du cycle de vie de Vue.js

```
var vm = new Vue({
  // ...autres options...
  beforeCreate() { },
  created() { },
  beforeMount() { },
  mounted() { },
  beforeUpdate() { },
  updated() { },
  beforeDestroy() { },
  destroyed() { },
})
```

Le contexte ou la portée

Chaque hook du cycle de vie contient le contexte parent atteignable avec le mot-clé `this`. Ainsi, en admettant que nous ayons une donnée nommée `txt` – comme dans l'exemple précédent sur la réactivité –, positionnée dans la méthode `mounted`, nous pouvons écrire :

Méthode mounted

```
  mounted() {
    this.txt = 'modification de la data'
  },
```

Or, si nous utilisons une méthode fléchée, le contexte sera lié à la méthode et non à l'instance courante.

Méthode mounted en déclaration fléchée

```
mounted: () => {
    this.txt = 'modification de la data'
  },
```

En ouvrant la console du navigateur, nous obtenons l'erreur suivante :

```
vue.runtime.esm.js:587 [Vue warn]: Error in mounted hook: "TypeError: Cannot set
property 'txt' of undefined"
```

Note

Les termes « contexte » et « portée » sont ici des synonymes.

Hello World – Première instance

Lorsqu'une instance est créée, Vue ajoute toutes les propriétés dans son système réactif comme nous l'avons vu précédemment. Ainsi, quand une propriété change, la vue (le DOM) se met à jour automatiquement.

Voici un exemple trivial d'un « Hello World » dans lequel nous utilisons un CDN pour simplifier l'écriture du code. Nous verrons plus tard comment instancier un projet.

Code Hello World

```
<html>

<head>
  <title>Hello World en Vue.js</title>
</head>

<body>
  <div id="app">
    <p>{{ msg }}</p>
  </div>
</body>

<script src="https://cdn.../vue.min.js"></script>
<script>
  let donnees = {
    msg: 'Hello World'
  };
  new Vue({
    el: '#app',
    data: donnees
  })
</script>

</html>
```

Important

Si l'objet est gelé, `Object.freeze()`, aucune modification ne sera apportée.

Qu'est-ce qu'un composant et comment l'intégrer ?

Voyons de façon détaillée à quoi correspond un composant et comment il s'intègre dans une page.

Structure d'un composant

Un composant est constitué :

- d'un template : source HTML (entre autres) qui est le visuel du composant ;
- d'un script : source JavaScript (par défaut) qui est la mécanique du composant ;
- d'un style : source CSS (ou SCSS, SASS, LESS…) qui définit le design du template du composant.

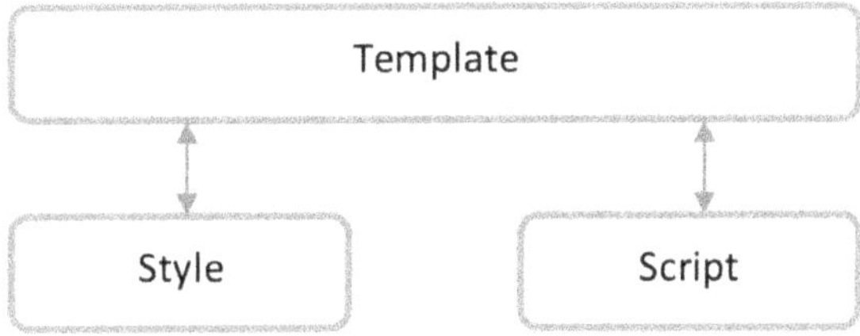

Figure 3-3 – Structure d'un composant

Intégration d'un composant dans l'environnement applicatif

Un composant est l'un des éléments d'un ensemble et comme nous l'avons vu, il est composé lui-même d'autres éléments. Nous comprenons donc qu'il a pour vocation d'être intégré soit dans un autre composant, soit dans une page et d'être réutilisable.

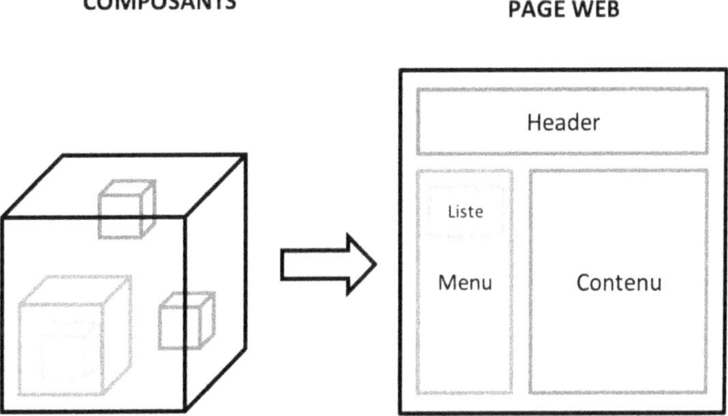

Figure 3-4 – Intégration de composants

Les propriétés d'instance

Lorsque l'instance de Vue est créée, nous pouvons accéder à de multiples propriétés propres à l'environnement du framework par l'intermédiaire du préfixe `$` (dollar), soit `vm.$x`, où `x` est la propriété.

De manière générale, nous n'aurons jamais besoin d'utiliser ces variables en dehors de notre instance courante. Cependant, il peut être utile dans certains cas d'y accéder. Notons qu'elles ne sont accessibles qu'en lecture seule.

Ainsi, listons uniquement les propriétés utiles par ordre alphabétique :

- `$attrs` : liste des attributs *(props)* de la portée parente (nous aborderons les attributs au chapitre 7 consacré aux composants). Cette propriété se manipule avec la directive `v-bind` (voir le chapitre 4 dédié aux directives).
- `$children` : liste des composants enfants directs (il n'y a pas d'ordre spécifique).
- `$listeners` : liste des événements de la portée parente. Cette propriété se manipule avec la directive `v-on` (voir le chapitre 4 sur les directives).
- `$parent` : instance parente de l'instance courante.
- `$refs` : liste des éléments du DOM et composants ayant un attribut `ref`.
- `$root` : instance racine ou instance courante si celle-ci est la racine.
- `$slots` : liste des slots (voir le chapitre 8) nommés et non nommés (dans la propriété `default`). Une alternative avec `$scopedSlots` est possible pour les slots avec portée.

Référencer les éléments avec $refs

Avant d'entrer dans le vif du sujet, notons simplement que les termes `methods` et `computed` désignent des fonctions JavaScript contenues dans le script de notre composant. Nous les aborderons en détail dans le chapitre 7, dédié aux composants, page 75.

Lorsque nous écrivons notre template, nous pouvons utiliser des directives, exécuter des fonctions `methods` et `computed`, ainsi que des expressions JavaScript afin d'en afficher le résultat. Cependant, lorsque nous sommes dans notre script, la seule méthode possible pour accéder à un élément du DOM consiste à utiliser la très verbeuse syntaxe suivante :

Pour un id

```
var element = document.getElementById(id);
```

Pour une ou plusieurs classe(s)

```
var elements = document.getElementsByClassName(names);
```

Vue a donc prévu d'ajouter un couple de mots-clés, comme `ref` et `$refs`.

- `ref` est un attribut d'élément du DOM. Lors du rendu, la référence de l'élément sera inscrite dans l'objet `$refs`. Il faut cependant savoir que lorsque la référence est positionnée sur un composant enfant (composant `Vue`), c'est l'instance de ce composant qui est inscrite.
- `$refs` est un objet non réactif lié à l'instance courante de Vue qui contient l'ensemble des références spécifiées.

Supposons une `div` vide avec un élément `id` et un élément `ref` ayant le même nom. Dans le template, nous aurons :

```
<div id="monId" ref="monId">t</div>
```

Faisons un simple `console.log` lors du rendu de notre composant parent (`mounted`) :

```
mounted() {
  console.log(document.getElementById("monId"));
  console.log(this.$refs.monId);
  console.log(this.$refs);
}
```

Nous obtenons alors pour l'appel natif et pour le ciblage dans `$refs`, le nœud au format HTML. Néanmoins, pour `$refs`, nous avons l'ensemble des nœuds référencés ainsi que l'ensemble des propriétés, événements, etc. leur étant associés. Voici ce qu'affiche la console :

```
// getElementById
<div id="monId">t</div>

// $refs.monId
<div id="monId">t</div>

// $refs
{monId: div#monId}
    monId: div#monId
```

Note

Si nous appliquons une référence sur des éléments (comme la `div` précédente) ou sur des composants dans une boucle avec `v-for` (voir le chapitre suivant sur le rendu de liste), `$refs` référencera un tableau de chaque nœud du DOM ou instances de composants.

Voici un exemple concret avec une boucle sur une plage de 3 en reprenant l'exemple précédent.

Code pour le template

```
<template>
  <div id="app">
    <div v-for="i in 3" :id="i" :ref="i">ref {{ i }}</div>
  </div>
</template>
```

Code pour le script JavaScript

```
<script>
export default {
  name: "App",
  mounted() {
    console.log(this.$refs);
  }
};
</script>
```

Figure 3-5 – Rendu dans le navigateur

Rendu HTML

```
Object {1: Array[1], 2: Array[1], 3: Array[1]}
►1: Array[1]
0: <div id="1">ref 1</div>
►2: Array[1]
0: <div id="2">ref 2</div>
►3: Array[1]
0: <div id="3">ref 3</div>
```

> **Important**
>
> L'inscription de la référence résulte de la fonction de rendu (voir schéma du cycle de vie à la figure 3-2), donc l'objet `refs` n'est pas disponible au rendu initial. Il est donc déconseillé d'utiliser l'objet dans le template ou dans un hook précédent le hook `mounted`.

Dans la console du navigateur, nous pouvons obtenir l'ensemble des propriétés de l'instance principale de vue (`$vm`) en saisissant :

```
this.$vm
```

En ouvrant la console du navigateur, nous aurons :

```
Elements  Console  Sources  Vue  Vue Performance  Network  Performance  Memory  Application  »
top ▼  Filter  Default levels ▼
> this.$vm
< ▼Vue {_uid: 0, _isVue: true, $options: {…}, _renderProxy: Proxy, _self: Vue, …}
    $attrs: (...)
  ▶ $children: [VueComponent]
  ▶ $createElement: f (a, b, c, d)
  ▶ $el: div#app
    $listeners: (...)
  ▶ $options: {components: {…}, directives: {…}, filters: {…}, _base: f, beforeCreate: Array(1), …}
    $parent: undefined
  ▶ $refs: {}
  ▶ $root: Vue {_uid: 0, _isVue: true, $options: {…}, _renderProxy: Proxy, _self: Vue, …}
  ▶ $scopedSlots: {}
  ▶ $slots: {}
    $vnode: undefined
    __VUE_DEVTOOLS_ROOT_UID__: 1
    __VUE_DEVTOOLS_UID__: "1:0"
  ▶ _c: f (a, b, c, d)
  ▶ _data: {__ob__: Observer}
    _directInactive: false
  ▶ _events: {hook:beforeDestroy: Array(2)}
    _hasHookEvent: true
    _inactive: null
    _isBeingDestroyed: false
    _isDestroyed: false
    _isMounted: true
    _isVue: true
  ▶ _renderProxy: Proxy {_uid: 0, _isVue: true, $options: {…}, _renderProxy: Proxy, _self: Vue, …}
    _route: (...)
  ▶ _router: VueRouter {app: Vue, apps: Array(1), options: {…}, beforeHooks: Array(0), resolveHooks: Array(0), …}
  ▶ _routerRoot: Vue {_uid: 0, _isVue: true, $options: {…}, _renderProxy: Proxy, _self: Vue, …}
  ▶ _self: Vue {_uid: 0, _isVue: true, $options: {…}, _renderProxy: Proxy, _self: Vue, …}
    _staticTrees: null
    _uid: 0
  ▶ _vnode: VNode {tag: "vue-component-4-app", data: {…}, children: undefined, text: undefined, elm: div#app, …}
  ▶ _watcher: Watcher {vm: Vue, deep: false, user: false, lazy: false, sync: false, …}
  ▶ _watchers: [Watcher]
```

Figure 3-6 – Propriétés de l'instance de Vue

Certaines de ces propriétés nous sont déjà familières et d'autres le deviendront à la lecture des prochains chapitres.

Interpolation pour générer du rendu

Dans notre « Hello World », nous avons utilisé une variable `donnees` que nous avons affectée à notre instance de Vue par l'intermédiaire de l'option `data`. Lorsque nous écrivons une variable entre des doubles accolades dans le template HTML, Vue va remplacer l'écriture syntaxique de `{{ message }}` avec le contenu de la variable `donnees`, soit en HTML :

```
<p>Hello World</p>
```

Ce remplacement sera effectif à chaque mise à jour/*tick* de l'observateur. C'est ce qu'on appelle l'« interpolation ».

Il existe dans Vue quatre types d'interpolations : l'expression JS `texte` ou `mustache`, ou les directives `v-text`, `v-html` et `v-bind`.

Texte ou mustache

L'interpolation par l'expression JS `texte` ou `mustache` est celle que l'on retrouve dans notre « Hello World » et qui est la forme la plus élémentaire. En effet, elle permet de compléter un rendu existant, mais également d'y écrire des expressions JavaScript.

Supposons le code source de base suivant :

```
<template>
  <div>
    <!-- éléments du template -->
  </div>
</template>

<script>
export default {
  data() {
    return {
      msg: 'Hello World'
    };
  },
};
</script>
```

Modifions le template afin de tester l'interpolation par `mustache` :

```
<p>{{msg}}</p>

<p>Texte {{msg}}</p>

<p>Texte {{msg ? msg : 'vide'}}</p>
```

Le rendu dans le navigateur est le suivant :

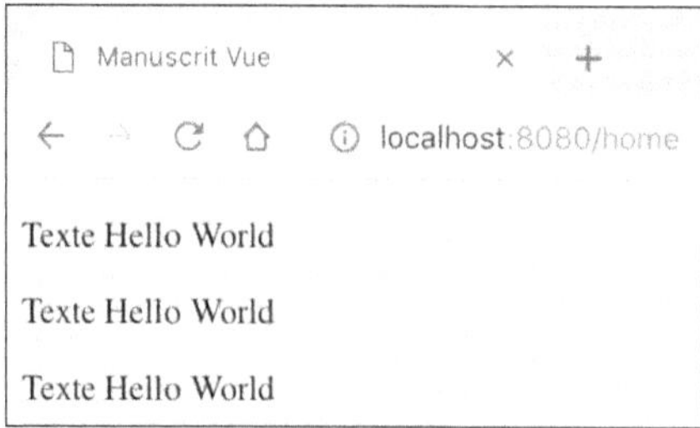

Figure 3-7 – Interpolation par mustache

Si `msg` est égal à `null` ou `''`, le rendu HTML sera différent. On constate que le premier paragraphe disparaît, mais qu'il reste néanmoins présent dans le code HTML. Voici le rendu HTML :

```
<div>
  <p></p>
  <p>Texte </p>
  <p>Texte vide</p>
</div>
```

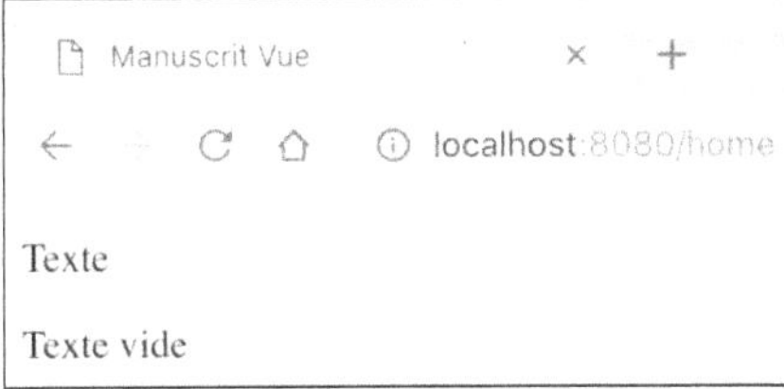

Figure 3-8 – Interpolation par mustache avec data vide

Note

L'interpolation par `mustache` ne fonctionne que pour du rendu visible, donc entre des balises HTML et non pas pour des attributs d'éléments du DOM.

Les deux interpolations suivantes fonctionnent grâce à des directives, que nous détaillerons dans le chapitre suivant.

Utilisation des premières directives

v-text

`v-text` remplace le contenu de la balise avec la variable interpolée en texte brut. Il n'est pas possible de concaténer l'existant avec la variable comme pour l'interpolation de type texte.

```
<p v-text="msg">Contenu écrasé</p>
```

Le texte `Contenu écrasé` est donc remplacé par notre `Hello World` de la donnée `msg`.

Figure 3-9 – Interpolation avec v-text

v-html

`v-html` fonctionne de la même manière que `v-text` à la différence que le style CSS est pris en charge. Cependant, une nuance est à apporter : s'il y a une classe, ou un id de style, celle-ci ne sera pas prise en charge lors du rendu.

Supposons que la valeur de la variable `msg` ne soit plus du texte mais du code HTML, par exemple :

```
// data
msg: '<p style="color:red; font-weight:bold">Hello World</p>'

// template
<p v-html="msg">Contenu écrasé</p>
```

Figure 3-10 – Interpolation avec v-html

v-bind

`v-bind` est une interpolation dédiée à l'attribut. Cette directive fonctionne sur le même principe que `v-text` sauf que ce sont les attributs de l'élément qui sont affectés. Notons qu'il est possible de les combiner. Par ailleurs, il existe une notation abrégée qui consiste à supprimer le mot-clé `v-bind` et à ne laisser que les deux points (:).

Remplaçons donc totalement notre template par quelque chose de plus visuel, avec des boutons (actifs et non actifs) :

Code du template v-bind

```
<template>
  <div>
    <button v-bind:disabled="buttonDisabled">
      bouton bloqué v-bind
    </button>
    <br>
    <button :disabled="buttonDisabled">
      bouton bloqué :
    </button>
    <br>
    <button :disabled="!buttonDisabled">
      bouton disponible
    </button>
```

```
    <br>
    <button :id="id" :disabled="buttonDisabled">
      bouton bloqué avec id {{id}}
    </button>
  </div>
</template>
```

Modifions notre option `data` comme suit :

```
data() {
  return {
    id: 5,
    buttonDisabled: true
  };
},
```

Le code HTML généré est le suivant :

```
<div>
  <button disabled="disabled">
    bouton bloqué v-bind
  </button> <br>
  <button disabled="disabled">
    bouton bloqué :
  </button> <br>
  <button>
    bouton disponible
  </button> <br>
  <button id="5" disabled="disabled">
    bouton bloqué avec id 5
  </button>
</div>
```

Voici le rendu obtenu dans le navigateur :

Figure 3-11 – Interpolation avec v-bind

Important

`v-bind` a besoin des deux points (:) lorsqu'il s'agit d'une valeur qui n'est pas une chaîne de caractères. Autrement, il convient de saisir directement le nom de l'attribut. Lorsqu'il y a des guillemets ou des guillemets doubles, la valeur est évaluée.

```
<button id="button1" :disabled="true">bouton</button>

<button id="button1" :disabled=true>bouton</button>

<button id="button1" disabled=true>bouton</button>
```

Nous avons mentionné à plusieurs reprises le terme `directive`, voyons au chapitre suivant de quoi il retourne.

4

Les directives pour commander les éléments

Dans le chapitre précédent, nous avons utilisé les trois directives que sont `v-text`, `v-html` et `v-bind`. Comme nous l'avons vu, une directive est une sorte d'argument spécial que l'on adosse à des éléments ou composants, qui affecte réactivement des effets au DOM dès que la valeur de ladite directive est altérée.

Elles s'utilisent avec le préfixe `v-` pour l'écriture non abrégée.

Nous pouvons classer l'ensemble des directives natives de Vue en cinq catégories que sont l'interpolation, le rendu conditionnel, le rendu de liste, la gestion d'événements et la liaison.

Tableau 4-1. Classement des directives

Interpolation	Rendu conditionnel	Rendu de liste	Gestion d'événements	Liaison
`v-text`	`v-show`	`v-for (:key)`	`v-on` (abrégé @)	`v-bind` (abrégé :)
`v-html`	`v-if`			`v-model`
`v-pre`	`v-else`			
`v-cloak`	`v-else-if`			
`v-once`				

Prenons connaissance dès à présent de deux compléments de directive que sont les arguments et les modificateurs.

Associer les directives et les arguments

Un attribut pour un élément du DOM est, par exemple, la valeur d'un lien `href` ou encore le type d'un input `type`. Pour les directives, nous entendons par argument :

- Soit l'attribut de l'élément sur lequel nous nous greffons pour en modifier sa valeur.

```
<button :id="id" :disabled="buttonDisabled">
  bouton bloqué avec id {{id}}
</button>
```

  Nous avons repris l'exemple de la directive `v-bind` du chapitre précédent où les attributs `id` et `disabled` sont les arguments de cette directive de liaison.

- Soit l'événement à écouter sur cet élément. Par exemple, un clic sur un bouton qui appelle une méthode nommée `btnClick`.

```
<template>
  <div>
    <!-- version classique -->
    <button v-on:click="btnClick">
      Affiche une fenêtre modale
    </button>

    <!-- version abrégée -->
    <button @click="btnClick">
      Affiche une fenêtre modale
    </button>
  </div>
</template>

<script>
export default {
  methods: {
    btnClick: () => {
      alert('Clic de bouton');
    }
  }
};
</script>
```

Figure 4-1 – Arguments de directive

Des modificateurs pour enrichir les directives

Les directives peuvent être complétées d'un ou plusieurs modificateurs qui indiquent la manière dont doit être liée la directive à l'élément. L'ajout d'un modificateur se fait en ajoutant un point (.) en suffixe, puis le nom de ce modificateur.

Reprenons l'exemple précédent et ajoutons le modificateur `once` à nos deux boutons, modificateur qui permet de limiter le nombre de clics à un (pour notre exemple).

```
<div>
  <!-- version classique -->
  <button v-on:click.once="btnClick">
    Affiche une fenêtre modale
  </button>

  <!-- version abrégée -->
  <button @click.once="btnClick">
    Affiche une fenêtre modale
  </button>
</div>
```

Les directives natives en détail

Observons de plus près chacune de ces directives en suivant l'ordre du tableau précédent (sauf `v-text` et `v-html` que nous avons déjà étudiées au chapitre précédent).

Les directives d'interpolation

v-pre

La directive `v-pre` ne compile pas l'élément courant ni ses enfants, ce qui rend le contenu statique. Nous pouvons donc afficher des accolades sans que l'expression soit exécutée.

```
<template>
  <div>
    <span v-pre>
      Afficher des mustaches sans compilation {{ $data }}
    </span>
    <pre>{{ $data }}</pre>
  </div>
</template>

<script>
export default {
  data() {
    return {
      msg: "texte préformaté"
```

```
    };
  }
};
</script>
```

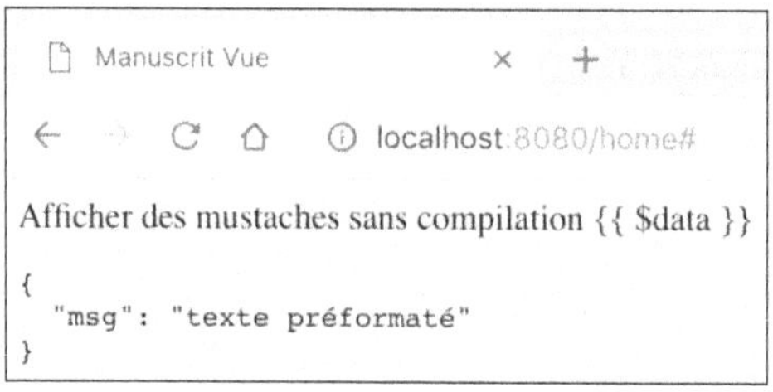

Manuscrit Vue

localhost:8080/home#

Afficher des mustaches sans compilation {{ $data }}

```
{
  "msg": "texte préformaté"
}
```

Figure 4-2 – Directive v-pre

v-cloak

La directive `v-cloak` masque l'élément tant que l'instance courante de Vue associée n'a pas terminé sa compilation. Seule, elle ne sert à rien, il faut la coupler avec du style CSS. Bien entendu, pour pouvoir apprécier son effet, il faut que le chargement de l'instance soit assez long ou différé par une action.

Le code suivant présente son utilisation standard :

```
<span v-cloak>Attend le chargement d'instance</span>
```

Associé à son style CSS :

```
<style>
[v-cloak] > * {
  display: none;
}
</style>
```

> **Astuce**
>
> Il est préférable d'adosser cette directive sur le nœud racine de notre application (identifiant `app`) ou d'un composant plutôt que sur chaque élément composant notre page. De plus, nous pouvons jouer avec le style CSS pour afficher du texte, par exemple, ou une image.

Pour utiliser `v-cloak` sur l'instance principale, nous écrirons ce code :

```
<div id="app" v-cloak>
  Ce contenu attendu de la directive v-cloak
</div>
```

Et pour le style CSS, avec un affichage de texte ou d'image pour le chargement :

```
<style>
[v-cloak] > * {
  display: none;
}
/* texte */
[v-cloak]::before {
  content: "Chargement en cours...";
}
/* ou image */
[v-cloak]::before {
  content: " ";
  display: block;
  width: 30px;
  height: 30px;
  background-image: url('monImage.png');
}
</style>
```

v-once

La directive `v-once` permet de rendre de manière unique l'élément courant et ses enfants. Au prochain `tick`, l'élément et ses enfants seront considérés comme du contenu statique.

C'est exactement ce que nous avons vu dans le modificateur où le bouton n'est cliquable qu'une seule fois.

```
<span v-once>{{ msg }}</span>
```

Les directives de rendu conditionnel

Pour les directives suivantes, supposons que nous avons un script de base avec la donnée suivante :

```
new Vue({
  el: '#app',
  data: {
    afficher: false
  }
})
```

v-show

La directive `v-show` affiche ou masque un élément de manière conditionnelle en lui affectant la propriété de style CSS `display`. L'élément reste donc présent dans le DOM. Si la variable `afficher` a pour valeur `true`, ou toute autre valeur, le `span` sera affiché. Si elle vaut `false`, ou `null`, le `span` sera alors masqué. Notons que `v-show` ne fonctionne pas avec l'élément `template`. Il faut alors utiliser la directive suivante, `v-if`.

```
<span v-show="afficher">Élément</span>
```

v-if

La directive v-if a la même fonctionnalité que v-show, tout en présentant une différence importante : lors de la permutation, v-if détruit et recrée l'élément et ses enfants. La directive v-if est donc à privilégier si notre variable ne change que très rarement, ou jamais. Dans le cas contraire, nous devrons utiliser v-show.

```
<span v-if="show">Élément</span>
```

v-else et v-else-if

Les directives v-else et v-else-if sont dans la continuité de v-if. Elles permettent le rendu conditionnel, comme c'est le cas pour de la programmation classique. Il faut obligatoirement un élément avec la directive v-if avant de pouvoir utiliser les directives v-else, puis v-else-if bien entendu.

```
<div v-if="show === 'A'"> A</div>
<div v-else-if="show === 'B'">B</div>
<div v-else-if="show === 'C'">C</div>
<div v-else>Ni A, ni B, ni C</div>
```

Optimiser le rendu

Si nous avons des rendus coûteux, il est préférable, lors d'un double affichage, d'utiliser v-show avec négation sur la seconde section comme le montre l'exemple surtout qu'il y aura forcément une des deux div à afficher. En effet, nous réutilisons le DOM :

Mauvais code

```
<div>
  <div v-if="afficher">
    <composant-lourd/>
  </div>
  <div v-else>
    <composant-lourd/>
  </div>
</div>
```

Bon code

```
<div>
  <div v-show="afficher">
    <composant-lourd/>
  </div>
  <div v-show="!afficher">
    <composant-lourd/>
  </div>
</div>
```

Les directives de rendu de liste

Si nous souhaitons rendre un élément plusieurs fois selon un nombre défini, ou selon des données contenues dans l'option `data` de notre instance, nous utiliserons la directive `v-for`. Elle est toujours couplée au mot-clé `:key` qui est un attribut spécial fournissant l'indice de tri à l'élément, mais également au mot-clé `in`, faisant pointer sur l'expression. La syntaxe est donc la suivante :

```
alias in expression
```

où :

- l'alias est obligatoirement composé de l'élément courant de l'expression ;
- la clé (`:key`) doit avoir une valeur primitive comme un entier ou une chaîne.

Nous pouvons éventuellement avoir l'index courant de la boucle en ajoutant un second paramètre dans notre alias. Nous pouvons également obtenir la clé si l'expression est un objet. Voici une version sans données :

```
<span v-for="i in 10" :key="i">
  {{ i }}
</span>
<br>
<span v-for="(i, j) in [3, 1, 7, 10]" :key="i">
  Valeur de i : {{i}} ayant l'index {{j}}<br>
</span>
```

On observe dans le rendu de la figure 4-3 que la première boucle incrémente de 1 à 10, et que la seconde boucle incrémente de 1 à 4 (index `j`) avec comme valeurs `3`, `1`, `7` et `10` (index `i`).

Bien entendu, les noms des variables `i` et `j` ne sont pas fixes, nous pouvons indiquer ce que nous voulons.

Figure 4-3 – Directive v-for sans données

L'extrait de code suivant présente plusieurs exemples avec des données :

```
<template>
  <div>
    #1 - Data : count: 10
    <span
      v-for="i in count"
      :key="i"
    >{{ i }}</span>

    <br><br>
    #2 - Data : users: ["Maxime", "Julien", "Fabien", "Brice"]
    <div
      v-for="(user, index) in users"
      :key="index"
    >
      {{ index }} - {{ user }}
    </div>

    <br><br>
    #3 - Data : json: { foo: { bar: 5 } }
    <div
      v-for="(val, key, index) in json"
      :key="index"
    >
      {{ index }} - {{ val }} - {{ key }}
    </div>

    <br><br>
    #4 - Data : json: { foo: { bar: 5 } }
    <div
      v-for="(val, index) in json"
      :key="index"
    >
      {{val.bar}}
    </div>
  </div>
</template>

<script>
export default {
  data() {
    return {
      count: 10,
      users: ["Maxime", "Julien", "Fabien", "Brice"],
      json: { foo: { bar: 5 } }
    };
  }
};
</script>
```

Cette fois, nous utilisons des données dans l'option `data` ce qui présente l'énorme avantage de maîtriser les données dans notre script – donc de pouvoir les altérer.

- La première boucle est équivalente à la première boucle de notre code précédent.
- La deuxième parcourt un tableau de chaînes de caractères et affiche l'index.
- La troisième parcourt chaque nœud de l'objet JSON et en affiche la valeur, l'index et la clé.
- La quatrième et dernière boucle parcourt chaque nœud de notre objet JSON et affiche la valeur du nœud `bar` dans le nœud courant `val`.

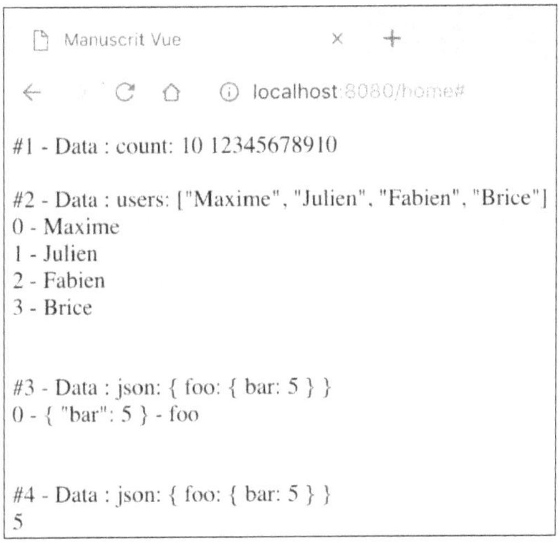

Manuscrit Vue
localhost:8080/home#
#1 - Data : count: 10 12345678910
#2 - Data : users: ["Maxime", "Julien", "Fabien", "Brice"]
0 - Maxime
1 - Julien
2 - Fabien
3 - Brice
#3 - Data : json: { foo: { bar: 5 } }
0 - { "bar": 5 } - foo
#4 - Data : json: { foo: { bar: 5 } }
5

Figure 4-4 – Directive v-for avec données

Important

Il faut absolument garder en mémoire que la clé `:key` de la directive `v-for` doit être unique. Par conséquent, si nous écrivons réellement ce code d'exemple dans notre application, nous aurons l'erreur suivante :

```
[Vue warn]: Duplicate keys detected: '1'. This may cause an update error.
```

Optimiser le rendu d'une boucle

Il est important également de noter que lorsque la clé `:key` change, l'élément relatif est rendu, c'est-à-dire généré, de nouveau. Dans le cas d'une boucle sur un tableau d'objets d'utilisateurs par exemple où chaque utilisateur est constitué d'un identifiant, d'un prénom et d'un âge.

Prenons pour exemple la variable suivante :

```
users : [
  {id : 'bcb3a384', prenom: 'Maxime', age: 20},
  {id : '10eacb16', prenom: 'Julien', age: 45},
  {id : 'b1c81a67', prenom: 'Fabien', age: 33}
]
```

Si nous choisissons l'index de la boucle pour clé, lorsque le tableau est altéré, tous ceux dont l'index change seront re-rendu. Admettons, dans le code suivant que nous supprimions Julien, Fabien ne sera plus à l'index 2, mais à 1, Fabien sera donc rendu de nouveau. C'est la même chose pour tous les éventuels autres utilisateurs.

```
<ul>
  <li v-for="(user, index) in users" :key="index">
    {{ user.prenom }}
  </li>
</ul>
```

La meilleure solution est donc d'utiliser un identifiant unique qui ne sera pas altéré dans le temps. L'idée pour notre objet `user` est donc de prendre la propriété `id` de l'utilisateur courant. Ce qui donnera :

```
<ul>
  <li v-for="(user, index) in users" :key="user.id">
    {{ user.prenom }}
  </li>
</ul>
```

Rendu de liste et condition

Note

Avant toute chose, notez que cette section pourra être relue plus tard, lorsque vous aurez bien assimilé le concept de composant et de méthode.

Nous pouvons coupler la directive `v-for` à `v-if` si nous souhaitons faire du rendu conditionnel. Cependant, il convient de prendre en compte plusieurs choses :

1. La directive `v-for` a une priorité plus élevée que `v-if`. À chaque itération, la condition sera testée, ce qui est utile si nous avons besoin de rendre uniquement certains nœuds.

   Supposons le code suivant :

```
<template>
  <div>
    <div v-for="(user, index) in users" :key="index"
         v-if="user.age > 35">
      {{ user.name }}
    </div>
  </div>
</template>

<script>
export default {
  data() {
    return {
```

```
      users: [
        { name: "Maxime", age: 15 },
        { name: "Julien", age: 50 },
        { name: "Fabien", age: 41 },
        { name: "Brice", age: 33 }
      ],

    };
  }
};
</script>
```

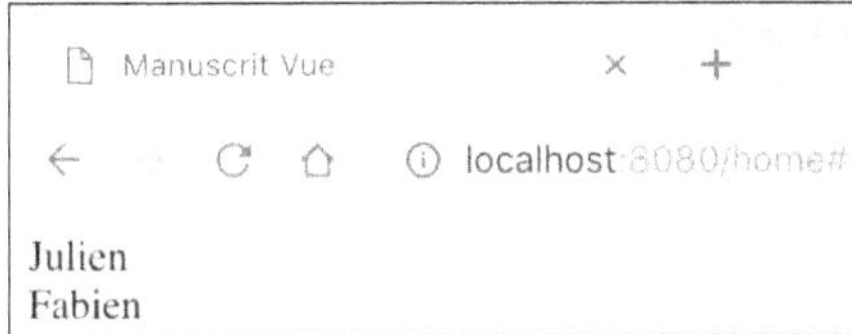

Figure 4-5 – Rendu conditionnel

Astuce

Il est préconisé dans ce cas de filtrer en amont l'objet `users` dans une option `computed`, par exemple, ce qui optimisera également l'exécution.

2. Si l'objectif est d'avoir un rendu conditionnel sur la boucle complète, il est plus judicieux de mettre la directive `v-if` dans un élément parent… un `template`, par exemple, pour être optimal.

```
<template>
  <div>
    <!-- Mauvais code -->
    <input type="checkbox" v-model="usersVisible" />
    <div v-for="user in users" :key="user" v-if="usersVisible">
      {{ user }}
    </div>

    <!-- Bon code -->
    <input type="checkbox" v-model="usersVisible" />
    <template v-if="usersVisible">
      <div v-for="user in users" :key="user" >
        {{ user }}
        </div>
    </template>

  </div>
</template>
```

```
<script>
export default {
  data() {
    return {
      usersVisible: true,
      users: ["Maxime", "Julien", "Fabien", "Brice"]
    };
  }
};
</script>
```

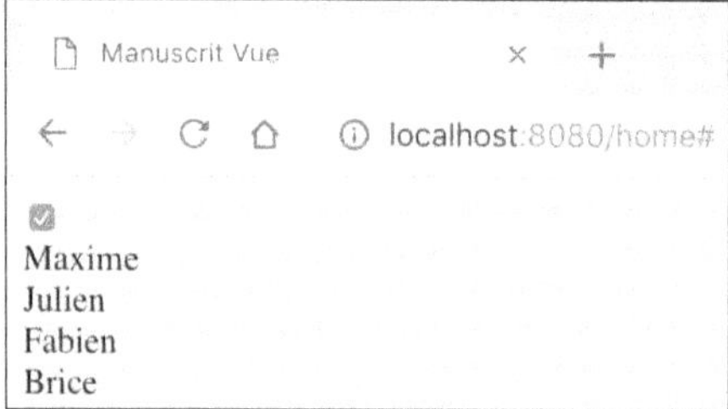

Figure 4-6 – Rendu avec condition

3. Pour finir, nous pouvons par exemple injecter la donnée courante de notre boucle dans un composant réutilisable et écouter l'événement `click`. Admettons que nous ayons un composant nommé `user`.

```
<template>
  <div @click="emitClick">{{ name }}, {{ age }}ans</div>
</template>

<script>
export default {
  name: "user",
  props: {
    name: String,
    age: Number
  },
  methods: {
    emitClick() {
      this.$emit("select",
                `Utilisateur ${this.name},
                 ${this.age} ans`);
    }
  }
};
</script>
```

Dans notre composant parent, nous pouvons importer ce composant et le réutiliser :

```
<template>
  <div>
    <user
      v-for="(user, index) in users"
      :key="index"
      :name="user.name"
      :age="user.age"
      @select="userSelect"
    ></user>
  </div>
</template>

<script>
export default {
  name: "App",
  components: {
    user: () => import("./controls/User")
  },
  data() {
    return {
      users: [
        { name: "Maxime", age: 15 },
        { name: "Julien", age: 50 },
        { name: "Fabien", age: 41 },
        { name: "Brice", age: 33 }
      ],
    };
  },
  methods: {
    userSelect(val) {
      console.log(val);
    }
  }
};
</script>
```

Figure 4-7 – Rendu avec composant

Nous pouvons également apprécier le rendu dans l'outil Vue.js devtools, dans lequel nous retrouvons les quatre composants `user` avec leur clé.

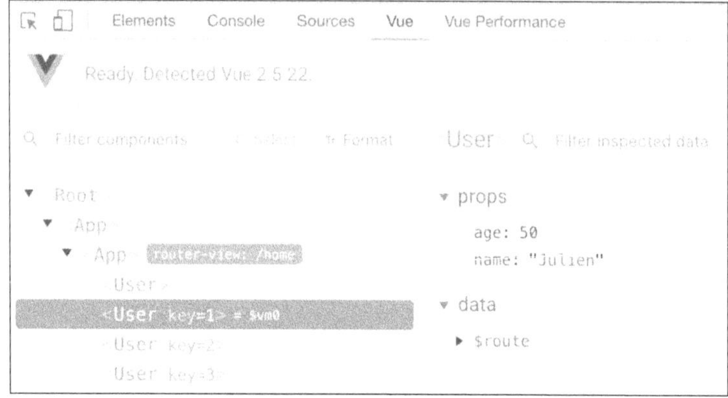

Figure 4-8 – Rendu conditionnel dans Vue.js devtools

Les directives de gestion d'événements

Lorsque nous développons en JavaScript, nous pouvons écouter les événements du DOM avec le gestionnaire (`handler`) `on-event` soit sur l'élément, soit dans le code avec `addEventListener`. Très simplement, Vue propose un équivalent dans une syntaxe raccourcie et plus complète.

L'instruction de base est la directive `v-on` qui est le préfixe de l'action (`click`, `keypress`, `mousemove...`) à écouter, mais nous pouvons directement l'écrire avec son abrégé qu'est l'arobase, soit `@`. Par exemple, pour un clic d'élément, nous aurons `v-on:click="action"` ou `@click="action"` avec pour action soit une expression JavaScript, soit une méthode contenue dans notre composant. L'avantage d'affecter cette directive directement à l'élément permet de localiser facilement les appels en une rapide lecture de notre template.

Il est important également de noter que lorsque notre `vm` est détruite, tous les écouteurs le sont aussi.

Supposons que nous ayons dans notre script l'option `data` avec la valeur suivante :

```
data() {
  return {
    count: 10
  };
},
```

Dans notre template, nous disposons d'un bouton qui, à chaque clic, incrémente notre variable `count` de 1 et affiche la valeur de cette variable dans le libellé du bouton. Nous écrirons ce bouton comme suit :

```
<template>
  <div>
    <button @click="count += 1;">
      Nombre de clics : {{ count }}
    </button>
  </div>
</template>
```

Notre exemple est simple. Cependant, si nous avons beaucoup d'événements à gérer, le plus judicieux est de lier notre action à une méthode de notre composant. Ainsi, en reprenant notre exemple précédent, nous ajoutons dans notre composant une méthode nommée `buttonClick`. Pour appeler la méthode, le code deviendra donc :

```
<template>
  <div>
    <button @click="buttonClick">
      Nombre de clics : {{ count }}
    </button>
  </div>
</template>

<script>
export default {
  name: "App",
  data() {
    return {
      count: 0
    };
  },
  methods: {
    buttonClick(e) {
      this.count += 1;
    }
  }
};
</script>
```

Nous observons que la méthode `buttonClick` a pour paramètre `e`, qui récupère l'arbre d'événements lié à notre bouton. Pour s'en assurer, il suffit d'ajouter un `console.log(e)` dans notre méthode, de cliquer sur le bouton et d'ouvrir la console de notre navigateur.

Comme nous pouvons ajouter des paramètres, nous allons créer deux boutons avec un message qui sera passé en paramètre d'une nouvelle méthode que nous appellerons `buttonAlert()`.

Nous allons également ajouter l'arbre d'événements à un paramètre de notre méthode grâce à la variable `$event`.

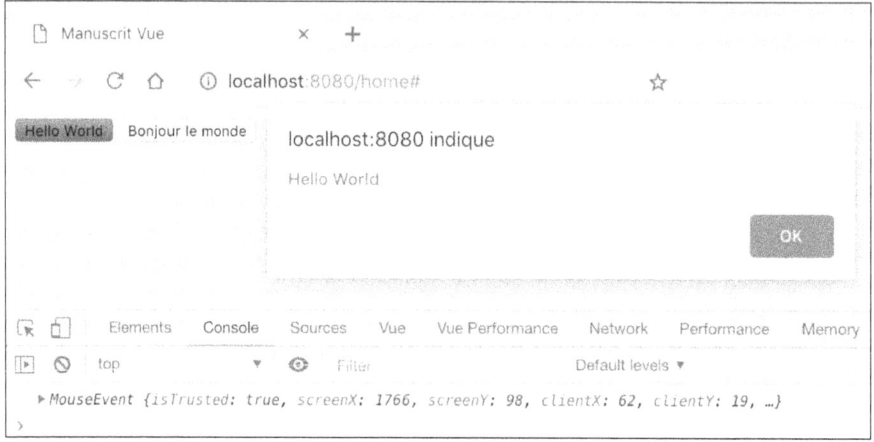

Figure 4-9 – Appel d'une méthode

Voici comment faire un appel de méthode paramétrée :

```
<template>
  <div>
    <button @click="buttonAlert('Hello World', $event);">
      Hello World
    </button>
    <button @click="buttonAlert('Bonjour le monde');">
      Bonjour le monde
    </button>

  </div>
</template>

<script>
export default {
  name: "App",
  data() {
    return {
      count: 0
    };
  },
  methods: {
    buttonAlert(msg, e) {
      alert(msg);
      console.log(e);
    }
  }
};
</script>
```

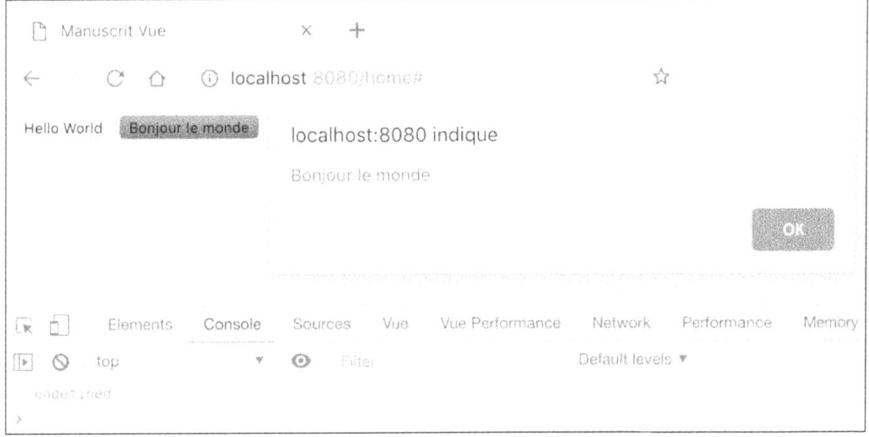

Figure 4-10 – Appel d'une méthode paramétrée

Nous avons utilisé l'événement `click`, mais tout événement est écoutable pour la souris et le clavier.

À ces écouteurs d'événements, Vue propose de multiples modificateurs qui s'utilisent en suffixe et peuvent, pour la majorité, êtres couplés. La syntaxe devient donc pour notre événement `click` :

```
@click.self.once="buttonClick".
```

Ces modificateurs sont classés en quatre catégories :

- génériques, qui peuvent s'employer avec les autres catégories ;
- souris, uniquement pour la souris ;
- clavier, uniquement pour le clavier ;
- système, qui sont des touches système qui peuvent s'employer avec la souris (par exemple, ***Ctrl+clic gauche***).

Les modificateurs génériques

Les modificateurs qui suivent permettent d'agir sur les événements et peuvent être couplés à tout autre modificateur, exception faite de `passive` et `prevent`.

Tableau 4-2. Modificateurs d'événements génériques

Modificateurs	Description
`.stop`	Stoppe la propagation de l'événement. Appel de `event.stopPropagation()`.
`.prevent`	Stoppe la propagation de l'événement si la méthode `stopPropagation()` ou `stopImmdiatPropagation()` est appelée. Appel de `event.preventDefault()`.
`.capture`	L'écouteur passe en mode capture. Cela équivaut à mettre `true` au troisième argument de la méthode `addEventListener`.
`.self`	L'événement se déclenche sur l'élément précis et non sur ses enfants.

Modificateurs	Description
`.once`	L'événement ne se déclenche qu'une seule et unique fois.
`.exact`	L'événement se déclenche uniquement sur la définition exacte des modificateurs. Par exemple, si nous avons `@click.ctrl.exact` et que la touche ***Ctrl*** n'est pas pressée, ou qu'une touche complémentaire à ***Ctrl*** est pressée, rien ne se passera. La combinaison doit être exacte.
`.passive`	Contourne le comportement de l'événement par défaut. Cela optimise l'événement `scroll` pour les appareils tactiles/mobiles. Le gestionnaire indique qu'il n'appellera pas la méthode `preventDefault` pour le défilement. **Important** : ne pas utiliser les deux modificateurs `passive` et `prevent` ensemble car sinon, le modificateur `passive` sera ignoré.

Les modificateurs pour la souris

Les trois modificateurs présentés au tableau 4-3 captent le bouton (gauche, droit ou central) de la souris qui est affecté.

Tableau 4-3. Modificateurs d'événements de la souris

Modificateurs	Description
`.left`	Bouton gauche de la souris.
`.middle`	Bouton du milieu de la souris.
`.right`	Bouton droit de la souris.

Les modificateurs pour le clavier

Les modificateurs pour le clavier du tableau 4-4 concernent les touches que nous pouvons considérer comme spéciales telles les touches de tabulation, de suppression, les flèches directionnelles, etc.

Tableau 4-4. Modificateurs d'événements pour le clavier

Modificateurs	Description
`.enter`	Touche ***Entrée***.
`.tab`	Touche ***Tabulation***.
`.delete`	Touches ***Suppression*** et ***Retour arrière***.
`.esc`	Touche ***Echap***.
`.space`	***Barre d'espace***.
`.up`	Touche ***flèche du haut***.
`.down`	Touche ***flèche du bas***.
`.left`	Touche ***flèche de gauche***.
`.right`	Touche ***flèche de droite***.

Les modificateurs système

Pour finir, les modificateurs système sont des modificateurs de clavier pour des touches qui, toutes seules, ne produisent aucun effet sauf `meta` qui est la « touche du système d'exploitation ».

Tableau 4-5. Modificateurs d'événements système

Modificateur	Description
`.ctrl`	Touche *Ctrl*.
`.alt`	Touche *Alt*.
`.shift`	Touche *Shift*.
`.meta`	Touche système : *Windows* sur Windows, *Commande* sur Mac OS...

Pour finir, il est possible de définir ses propres raccourcis en utilisant l'objet global de Vue, `config.keyCodes`.

Lors de la déclaration de l'instance de Vue, il suffit d'ajouter ses clés personnalisées. Par exemple, si nous voulons que le keyCode `112` soit la touche *F1*, soit pris en charge il suffit d'ajouter dans notre `main.js` (ou `index.js`) :

```
Vue.config.keyCodes.f1 = 112
```

On pourra l'utiliser comme suit sur un `keyup` (touche relâchée) dans un champ texte, par exemple, qui appellera la méthode `toucheF1`. Nous aurons dans le template :

```
<input type="text" @keyup.f1="toucheF1" />
```

Et pour le script :

```
toucheF1(e) {
  alert("Touche F1 pressée");
}
```

Les directives de liaison

Nous abordons ici deux directives permettant d'abord la liaison d'attributs, de classes et de styles CSS, et ensuite la liaison bidirectionnelle de données, respectivement nommées `v-bind` et `v-model`.

Ces deux directives comptent chacune trois modificateurs, présentés au tableau 4-6.

Tableau 4-6. Modificateurs de liaison

Modificateurs		Description
`v-bind`	`.prop`	Associe une propriété plutôt qu'un attribut du DOM.
	`.camel`	Transforme un nom d'attribut de `kebab-case` vers `camelCase`.
	`.sync`	Sucre syntaxique pour ajouter un gestionnaire v-on afin de mettre à jour la valeur liée.
`v-model`	`.lazy`	Écoute l'événement `change` plutôt que l'événement `input`.
	`.number`	Remplace une chaîne de caractères en entrée par des chiffres.
	`.trim`	Retire les espaces avant et après une chaîne de caractères.

Information

Notons que nous pouvons abréger l'écriture de la directive v-bind par le caractère deux-points (:).

Voici un exemple pour une classe où `setClass` est une méthode :

Liaison de classe

```
<!-- Écriture standard -->
<div v-bind:class="setClass"></div>

<!-- Écriture abrégée -->
<div :class="setClass"></div>
```

Pour simplifier au maximum, nous utiliserons dans chacun de nos exemples un élément HTML de type `textarea` comme témoin, car il nous permet d'utiliser toutes les liaisons. Les autres contrôles de type `bouton`, `checkbox`, etc. ne serviront qu'à faire des liaisons.

Notes

Il est bien entendu possible d'utiliser la directive `v-bind`, mais également de coupler cette dernière avec des attributs sans liaison.

Par ailleurs, il est possible d'affecter à notre liaison des données, des options `methods` et `computed` (voir le chapitre 7 sur les composants, page 75).

Liaison d'attributs

L'élément `textarea` détient deux attributs directs que sont `rows` (pour le nombre de lignes) et `cols` (pour le nombre de colonnes). Nous allons donc lier ces attributs de deux manières différentes : liaison de chaque attribut par une donnée relative, puis liaison avec un objet.

Un bouton servira d'appel pour une méthode `addRows` qui ajoutera deux lignes à nos données.

```
<template>
  <div>
    <button @click="addRows">Ajouter 2 lignes</button>
    <br><br>
    <textarea :rows="rows" cols="50">
        2 attributs, 2 données
    </textarea>
    <br>
    <textarea v-bind="attrs">
        2 attributs, 1 donnée objet
    </textarea>
  </div>
</template>
```

```
<script>
export default {
  name: "App",
  data() {
    return {
      rows: 1,
      attrs: {
        rows: 1,
        cols: 50
      }
    };
  },
  methods: {
    addRows(e) {
      this.rows += 2;
      this.attrs.rows += 2;
    }
  }

};
</script>
```

Le template généré est celui représenté sur la figure 4-11.

Figure 4-11 – Liaison d'attributs

Lorsque le bouton est cliqué, les données `rows` et `attrs.rows` sont incrémentées de 2. On constate donc qu'il est possible d'affecter un attribut de différentes manières. La version abrégée de `v-bind` nécessite d'avoir le nom de l'attribut et la version classique peut soit contenir un attribut, soit un objet de plusieurs attributs.

Le code suivant est correct, mais sa syntaxe n'a pas d'intérêt et elle alourdit la lecture :

```
<textarea v-bind:rows="rows" cols="50">...</textarea>
```

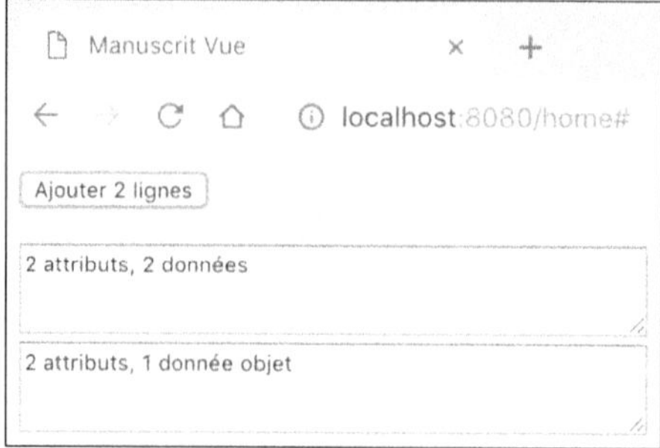

Figure 4-12 – Liaison d'attributs avec clic

Liaison de classes

Lorsque nous souhaitons affecter conditionnellement une ou plusieurs classes, Vue nous permet, comme pour les attributs, de lier des données à notre élément.

Nous allons maintenant utiliser la balise de classe afin d'affecter ou permuter des classes à notre élément `textarea` pour qu'il soit sur fond rouge avec un texte en gras, ceci grâce aux classes `erreur` et `gras`.

La classe `succes`, qui met le fond en vert, est déjà présente, mais ne sera utilisée qu'un peu plus tard.

Voici le code principal :

```
<template>
  <textarea :class="{ erreur: isError, gras: isBold }">
  classe
  </textarea>
</template>

<script>
export default {
  data() {
    return {
      isError: true,
      isBold: true,
    };
  }
};
</script>

<style>
.erreur {
  background-color: orangered;
}
.succes {
  background-color: yellowgreen;
}
```

```
.gras {
  font-weight: bold;
}
</style>
```

Nous observons que la classe `erreur` est liée à la donnée `isError`, et que la classe `gras` est liée à `isBold`. Le rendu HTML sera le suivant :

```
<!-- isError = true ET isBold = true -->
<textarea class="erreur gras">classe</textarea>

<!-- isError = true ET isBold = false -->
<textarea class="erreur">classe</textarea>

<!-- isError = false ET isBold = true -->
<textarea class="gras">classe</textarea>

<!-- isError = false ET isBold = false -->
<textarea>classe</textarea>
```

Nous pouvons également utiliser la syntaxe suivante, dans laquelle l'objet `error` contenant les classes à affecter sera lié à notre `textarea` :

```
<textarea :class="error">classe</textarea>

data() {
  return {
      error: {
        erreur: true,
        gras: true
      }
  };
}
```

Une autre syntaxe pour un rendu équivalent consiste à utiliser un tableau avec pour template :

```
<textarea :class="[onError, onBold]">classe</textarea>
```

Et pour script :

```
data() {
  return {
    onError: 'erreur',
    onBold: 'gras',
  };
}
```

Il existe donc de multiples manières d'écrire notre liaison.

Admettons maintenant que nous souhaitons réaliser un rendu conditionnel qui fait permuter la classe de notre `textarea` de `erreur` à `succes`. Nous pouvons transposer ce besoin avec l'expression JavaScript comme vu précédemment :

```
<textarea :class="isError ? 'erreur' : 'succes'">classe</textarea>
```

Simplement, si la donnée `isError` vaut `true`, la classe `erreur` est affectée. Dans le cas contraire, c'est la classe `succes` qui est affectée. Nous pouvons utiliser un bouton qui appelle une méthode `switchClasses` pour commuter les classes entre `erreur` et `succes` de cette manière :

```
<template>
  <div>
    <textarea :class="isError ? 'erreur' : 'succes'">
      expression
      </textarea>
    <button @click="switchClasses">
      Commuter classes
    </button>
  </div>
</template>
<script>

export default {
  data() {
    return {
      isError: true,
    }
  },
  methods: {
    switchClasses() {
      this.isError = !this.isError;
    }
  }
};
</script>
```

Figure 4-13 – Liaison de classes commutées

Fonctionner de cette manière pour une condition est raisonnable. Cependant, si nous avons besoin de plus ou de pouvoir faire des tests complémentaires, une méthode calculée `computed` sera plus adaptée. En voici un exemple :

```
<template>
  <div>
    <textarea :class="txtClasse">{{txtClasse}}</textarea>
  </div>
</template>
<script>

export default {
  data() {
    return {
      isError: true,
    }
  },
  computed: {
    txtClasse() {
      return this.isError ? "erreur gras" : "succes";
    },
  }
};
</script>
```

Figure 4-14 – Liaison de classes avec computed

La méthode calculée `txtClasse` sera rafraîchie dès que la donnée `isError` sera mise à jour. Le retour consistera en la combinaison des classes `erreur` et `gras` lorsque la donnée `isError` sera à `true`, et uniquement la classe `succes` lorsque `isError` sera à `false`.

Liaison de styles

La syntaxe de la liaison de styles est exactement la même que celle de la liaison de classes, sauf que nous utiliserons l'attribut HTML `style` à la place de `classe`. En voici des exemples dans les classes :

```
<template>
  <div>
    <textarea :style="{ fontSize: taillePolice + 'px' }">
      classe
      </textarea>
```

```
    <textarea :style="styleError">
      styleError
      </textarea>
    <textarea :style="txtStyle">
      txtStyle
      </textarea>
  </div>
</template>
<script>

export default {
  data() {
    return {
      taillePolice: 15,
      styleError: "background-color: orangered",
      styleGras: "font-weight:bold"
    }
  },
  computed: {
    txtStyle() {
      return `${this.styleError}; ${this.styleGras}`;
    }
  }
};
</script>
```

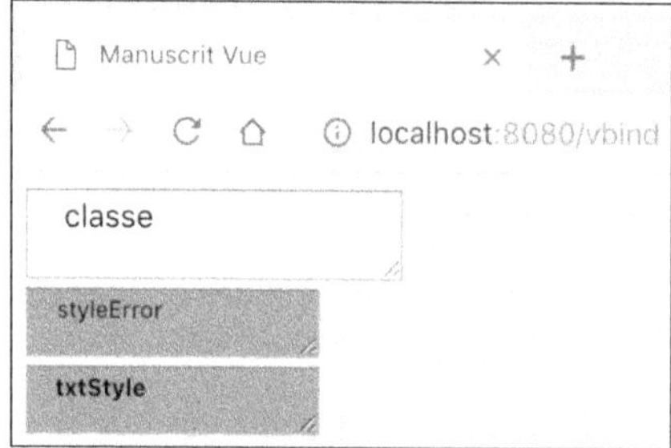

Figure 4-15 – Liaison de styles

Liaison de données

Pour finir sur les directives de liaison, nous allons utiliser `v-model`. Cette directive permet de créer une liaison bidirectionnelle entre un élément du DOM (de type formulaire), ou un composant, et une donnée de notre instance de Vue. L'usage le plus trivial est la liaison avec un champ de formulaire (`input`, `textarea`, `checkbox` et `select`). Nous verrons dans le chapitre 7, sur les composants à fichier unique, comment affecter un modèle spécifique. Nous présentons ci-après quelques exemples reprenant chaque contrôle de formulaire avec les modificateurs énoncés dans le tableau 4-6. Notons que pour chaque `v-model` de nos éléments, la donnée associée sera inscrite dans notre script.

Input

Voici le code du template :

```
<input v-model="inputTexte" />
<input v-model.lazy="inputTexte" />
<input v-model.number="inputTexte" />
```

Et le script avec la donnée `inputTexte` :

```
data() {
    return {
      inputTexte: null
      // ...ici les autres variables/données liées à nos éléments
    };
  },
```

Lorsque l'on saisit du texte dans l'`input` :

1. La donnée `inputTexte` change à la saisie.
2. La donnée `inputTexte` change à la sortie de focus.
3. La donnée `inputTexte` change la condition suivante : si nous saisissons du numérique comme première valeur, tout devra être numérique. En cas contraire, ce sera l'inverse.

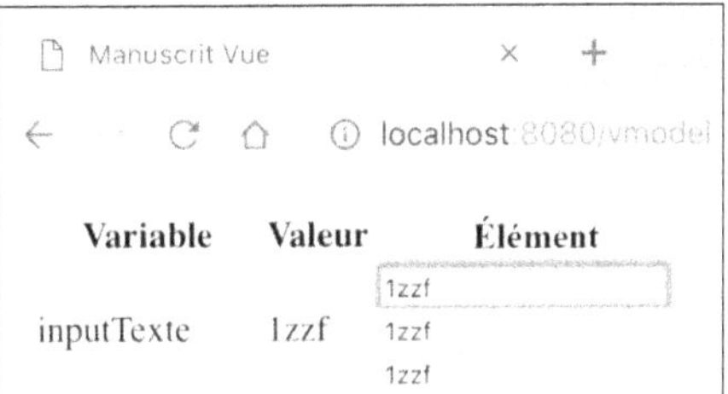

Figure 4-16 – v-model sur input

Textarea

L'affectation de la directive à l'élément `textarea` peut se faire comme ceci :

```
<textarea v-model.trim="inputTextarea"></textarea>
```

À la saisie, la donnée `inputTextArea` sera mise à jour avec la spécificité d'être *trimée*, c'est-à-dire avec sa valeur soustraite des espaces en préfixe et en suffixe.

Par exemple, « `      texte      ` » devient « `texte` ».

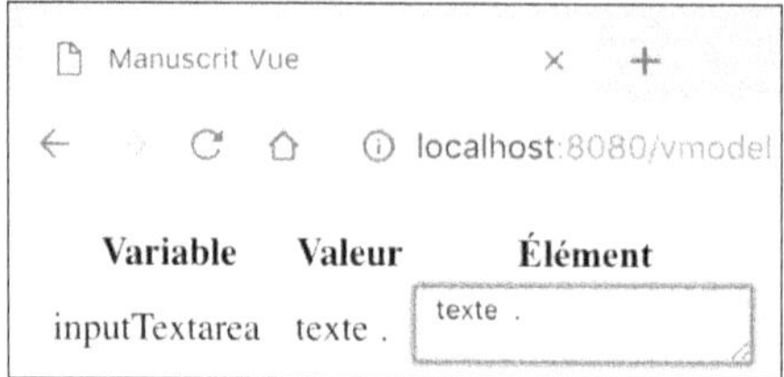

Figure 4-17 – v-model sur textarea

Checkbox

Nous pouvons écrire la liaison de données d'un élément `checkbox` comme ceci :

```
<input type="checkbox" v-model="inputCheckbox" />
```

Lorsque nous cochons ou décochons la case, la donnée `inputCheckbox` commute de `true` à `false`.

Figure 4-18 – v-model sur checkbox

Radio

Le code suivant présente une liaison de données de deux boutons radio :

```
<input type="radio" value="1" v-model="inputRadio" />
<input type="radio" value="2" v-model="inputRadio" />
```

Quand nous cliquons sur un élément `radio`, la valeur de `inputRadio` commute de « `1` » à « `2` » selon la valeur `value` définie sur chaque élément.

Figure 4-19 – v-model sur radio

Select

Le code suivant illustre une liaison de données d'un élément `select` avec trois `options` :

```
<select v-model="select">
  <option disabled value="null">Sélectionner</option>
  <option>1</option>
  <option>2</option>
  <option>3</option>
</select>
```

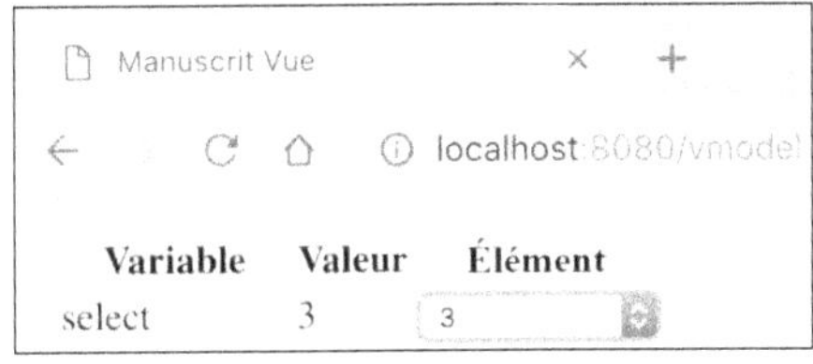

Figure 4-20 – v-model sur select

En cliquant sur une option, la valeur de la donnée `select` se met à jour en fonction de l'option choisie (1, 2 ou 3).

Nous n'avons à ce stade que de l'unidirectionnel, c'est-à-dire que la donnée change quand l'utilisateur réalise une action sur l'élément, soit suite à une saisie, soit après des clics (événements).

Dans notre code côté script, si une méthode ou une action vient à modifier une donnée liée à un élément du DOM, cet élément se voit automatiquement mis à jour.

Admettons que nous ayons une `checkbox` cochée avec une donnée nommée `inputCheck` avec pour valeur `1`, et qu'au chargement de la page, une action mette la valeur de `inputCheck` à `0` avec un délai de 2 secondes (2 000 millisecondes). La case à cocher sera alors automatiquement décochée.

Ce mécanisme est donc typiquement une liaison bidirectionnelle telle que :

```
<template>
  <div>
    <input
      type="checkbox"
      v-model="inputCheck"
    />
  </div>
</template>

<script>
export default {
  data() {
    return {
      inputCheck: 1
    };
  },
```

```
  methods: {},
  mounted() {
    setTimeout(() => (this.inputCheck = !this.inputCheck), 2000);
  }
};
</script>
```

5

Les directives personnalisées

Le cœur de Vue propose de multiples directives qui couvriront la majorité des cas de figure que nous pourrions rencontrer. Cependant, pour des besoins spécifiques, Vue offre divers hooks, tous optionnels, afin de créer nos propres directives.

Enregistrement et utilisation

Il est possible d'enregistrer sa propre directive en local – dans un composant, par exemple – ou de manière globale. Supposons une directive nommée `deplacer` qui sert à déplacer un élément dans notre page.

Pour enregistrer globalement cette directive, nous l'affecterons directement à l'instance, comme suit :

```
Vue.directive('deplacer', {
   // hook
})
```

Pour un enregistrement local, la déclaration se fera comme suit :

```
directives: {
  deplacer: {
    // hook
  }
}
```

Comme toute directive, elle sera affectée à un élément ou un composant de notre template pour pouvoir être utilisée. Notre directive `deplacer` doit donc être préfixée de `v-`, comme dans l'exemple suivant sur un élément `div` :

```
<div v-deplacer></div>
```

Une directive complète, avec tous ses hooks, s'écrit comme suit. Nous comprenons que `madirective` peut ici être `deplacer` par exemple :

```
Vue.directive("madirective", {
  bind: function(el, binding, vnode) {},
  inserted: function(el, binding, vnode) {},
  update: function(el, binding, vnode, oldVnode) {},
  componentUpdated: function(el, binding, vnode, oldVnode) {},
  unbind: function(el, binding, vnode) {}
});
```

Nous pouvons également l'écrire au format ES, via des fonctions fléchées :

```
Vue.directive("madirective", {
  bind: (el, binding, vnode) => {},
  inserted: (el, binding, vnode) => {},
  update: (el, binding, vnode, oldVnode) => {},
  componentUpdated: (el, binding, vnode, oldVnode) => {},
  unbind: (el, binding, vnode) => {}
});
```

Nous observons qu'il existe cinq fonctions fléchées telles que `bind`, `inserted`, `update`, `componentUpdated` et `unbind`. La figure 5-1 présente un schéma du cycle de vie d'une directive :

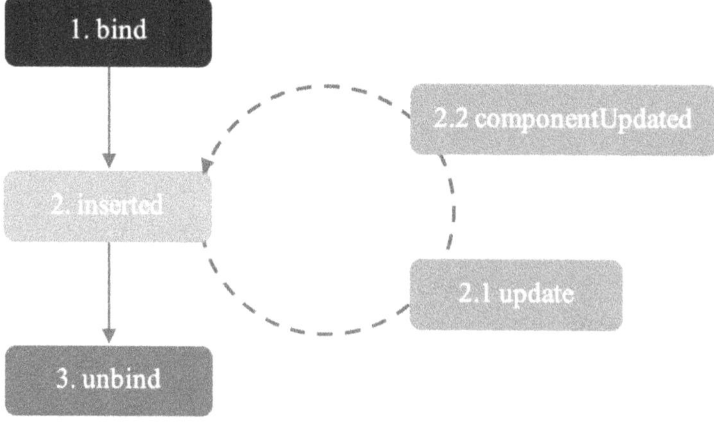

Figure 5-1 – Cycle de vie d'une directive

Détaillons ce que nous propose chaque méthode :

- `bind` est appelée à l'initialisation, lorsque la directive est attachée à l'élément.
- `inserted` est appelée lorsque l'élément est inséré dans son nœud parent, sans pour autant assurer que le nœud parent soit présent dans le document.
- `update` est appelée lorsque le conteneur `VNode` a été mis à jour mais pas forcément ses enfants.
- `componentUpdated` est appelée lorsque `VNode` a été mis à jour ainsi que le `VNode` de ses enfants.
- `unbind` est appelée lors du détachement de la directive à l'élément.

Exemple : directive de déplacement

Reprenons notre directive précédente `deplacer` qui permet de déplacer un élément avec la souris dans la page en écrivant tout son code.

Commençons par créer un fichier nommé `deplacer.js` dans lequel nous importons une instance Vue. Nous y écrivons ensuite nos variables, nos fonctions et notre directive.

Tout d'abord, importons Vue pour réaliser une attache sur l'instance :

```
import Vue from "vue";
```

Déclarons des variables pour le déplacement, comme suit :

```
// État de déplacement
let isMouseDown = false;

// Position de la souris
let mouseX;
let mouseY;

// Position de l'élément (el)
let elementX = 0;
let elementY = 0;
```

Écrivons les méthodes qui permettent le déplacement. Elles seront appelées par l'intermédiaire d'un `hook` d'événement de souris :

```
// Fonction lorsque le bouton de la souris est enfoncé
function mouseDown(e, el) {
  mouseX = e.clientX;
  mouseY = e.clientY;
  el.style.cursor = "move";
  isMouseDown = true;
}
// Fonction lorsque le curseur de la souris se déplace
function mouseMove(e, el) {
  if (!isMouseDown) return;
  let deltaX = e.clientX - mouseX;
```

```
    let deltaY = e.clientY - mouseY;
    el.style.left = elementX + deltaX + "px";
    el.style.top = elementY + deltaY + "px";
  }
  // Fonction lorsque le bouton de la souris est relâché
  function mouseUp(e, el) {
    isMouseDown = false;
    elementX = parseInt(el.style.left, 10) || 0;
    elementY = parseInt(el.style.top, 10) || 0;
    el.style.cursor = "default";
    el.removeEventListener("mousemove", mouseMove);
  }
```

Pour finir, déclarons globalement notre directive `deplacer` :

```
Vue.directive("deplacer", {
  inserted: el => {
    setTimeout(() => {
      el.style.border = "2px solid red";
    }, 1000);
  },
  bind: el => {
    el.addEventListener("mousedown", e => mouseDown(e, el));
    el.addEventListener("mousemove", e => mouseMove(e, el));
    el.addEventListener("mouseup", e => mouseUp(e, el));
  },
  unbind: el => {
    el.removeEventListener("mousedown", mouseDown);
    el.removeEventListener("mouseup", mouseUp);
  }
});
```

Nous utilisons trois hooks tels que `insert`, `bind` et `unbind` :

- `insert` attend une seconde, puis ajoute une bordure rouge à l'élément en question, pour donner un petit effet visuel ;
- `bind` affecte une écoute sur trois événements de souris qui appellent chacun une méthode dédiée :
  - `mousedown` : bouton enfoncé ;
  - `mousemove` : déplacement du curseur ;
  - `mouseup` : relâchement du bouton.
- `unbind` supprime l'écoute d'événements.

Soulignons d'une part que nous utilisons la syntaxe ES afin de simplifier l'écriture et d'autre part que nous déportons les fonctions plutôt que d'écrire directement dans l'événement car nous avons besoin de supprimer ses écoutes d'événements lors du relâchement de la souris et du hook `unbind`.

Ensuite, dans notre composant parent, il nous faut :

1. Importer notre directive :

```
import "./directives/deplacer";
```

2. Ajouter un élément `div` nommé `area` pour l'espace de déplacement et ajouter un élément qui portera cette directive (`div` dans notre cas) :

```
<div id="area">
  <div class="dnd" v-deplacer></div>
</div>
```

3. Ajouter un style à chaque élément :

```
#area {
  background: yellow;
  height: 500px;
  width: 500px;
  position: relative;
}
.dnd {
  background: black;
  top: 0;
  left: 0;
  height: 100px;
  width: 100px;
  position: absolute;
}
```

Pour finir, il suffit de maintenir le bouton gauche de la souris enfoncé sur l'élément `div` noir et de bouger le curseur pour délacer notre élément.

Note

Nous n'avons pas fait de restriction sur la zone de déplacement ni même géré le cas de déplacement hors zone afin de supprimer l'écoute d'événement de relâchement du bouton de la souris. Ce n'est qu'une proposition triviale.

6

Formater avec l'interpolation des filtres

Afin de réduire la redondance de code dans notre application pour affecter un certain formatage (majuscule, minuscule par exemple) à nos interpolations, Vue.js nous permet de définir des filtres.

Qu'est-ce qu'un filtre ?

Comme nous l'avons vu précédemment, nous utiliserons beaucoup d'interpolations par l'intermédiaire de `mustaches` et de directives `v-bind`. Vue permet de définir de manière locale (dans un composant) ou globale (dans l'application) des méthodes de formatages spécifiques, appelées filtres. Ceux-ci peuvent être couplés entre eux. Voici un exemple avec une expression `mustache` :

```
{{ Mon texte | filtreUn | filtreDeux(param1, param2) }}
```

Écriture de filtres

Supposons que nous ayons deux filtres très simples :

- `firstUpper` qui permet de mettre la première lettre de la chaîne de caractères en majuscule et le reste en minuscule ;
- `concat` qui permet d'ajouter un suffixe à notre chaîne.

L'utilisation de ces deux filtres dans notre `mustache` peut s'écrire de cette manière :

```
{{ msg | firstUpper | concat(" simple !") }}
```

où `msg` est une variable de l'option `data`.

```
data() {
  return {
    msg: "un tExte"
  };
}
```

Nous aurons pour résultat le texte suivant : « Un Texte simple ! »

Nous observons que la première lettre de chaque mot est bien en majuscule et que le reste est en minuscule. De plus, le texte « simple » est bien placé après la variable `msg` sur le rendu. Pour finir sur cet exemple, on comprend donc que l'ordre des filtres a une importance. Ainsi, nous pouvons modifier notre template comme suit :

```
{{ msg | concat(" simple !") | firstUpper }}
```

Le rendu devient finalement : « Un Texte Simple ! ».

Comme mentionné précédemment, il est aussi possible d'affecter ces filtres avec la directive `v-bind`. Voyons un exemple sur un `id` (identifiant) de l'élément `div`. Notre template est le suivant :

```
<div :id="id | concat('_3') | firstUpper ">
    DIV SuperId
</div>
```

Et notre script avec l'`id` qui sera lié :

```
data() {
  return {
    id: "superId"
  };
}
```

Le code HTML généré sera celui-ci :

```
<div id="Superid_3">DIV SuperId3</div>
```

Pour finir, voici comment écrire nos filtres pour la portée locale et la portée globale.

En locale, la déclaration est comme une option de notre composant. Nous pouvons écrire les deux méthodes directement dans l'option `filters`.

```
filters: {
  firstUpper: value => {
    if (!value) return "";
    value = value.toString().toLowerCase();
    return value.charAt(0).toUpperCase() + value.slice(1);
  },
```

```
    concat: (value, suffixe) => {
      if (!value) return "";
      if (!suffixe) return value;
      return value + suffixe;
    }
  }
```

En global, la déclaration se fait sur notre instance de Vue. Il nous faut donc écrire deux méthodes distinctes.

Pour le filtre `capitalize` :

```
Vue.filter("capitalize", value => {
  if (!value) return "";
  value = value.toString().toLowerCase();
  return value.charAt(0).toUpperCase() + value.slice(1);
});
```

Et pour le filtre `concat` :

```
Vue.filter("concat", (value, suffixe) => {
  if (!value) return "";
  if (!suffixe) return value;
  return value + suffixe;
});
```

Retenons donc que pour une déclaration locale, la portée du filtre est limitée à notre composant, et que pour une déclaration globale, la portée correspond à l'entièreté de l'application. Les filtres sont cumulables et s'utilisent aussi bien avec l'interpolation `mustaches` qu'avec la directive `v-bind`.

7

Les composants

Gagnons en réutilisabilité et structurons nos interfaces et modèles grâce à une architecture en composants.

Définition

Nous pouvons définir un composant comme un organisme composé d'un modèle (template), qui est la forme visuelle, composé lui-même d'éléments irréductibles comme les tags HTML et les styles CSS.

S'ajoute à cela un mécanisme d'événements, de méthodes, de propriétés, qui est la forme « vivante » du composant et qui réagit à des actions, des conditions, faisant changer la forme de ce dernier.

Un composant a pour vocation d'être une entité fonctionnelle et réutilisable sur une même ou plusieurs pages, ou même à l'intérieur d'un autre composant. Il peut être déclaré localement, globalement ou dans un fichier dédié que l'on appellera composant *monofichier*. Il est important de faire attention au nom de composant afin qu'il ne soit pas en conflit avec les éléments de base HTML. Pour cela, il est donc préconisé de se référer aux règles W3C (https://www.w3schools.com/tags/ ou le très bon site de Mozilla, https://developer.mozilla.org/en-US/docs/Web/HTML/Element) et d'utiliser la forme « PascalCase » (minuscule et première lettre de chaque mot en majuscule) ou « kebab-case » (minuscule avec chaque mot séparé par des tirets).

Note

La forme PascalCase offre une meilleure intégration avec les IDE, comme la fonctionnalité `autocomplete/import`.

La forme kebab-case permet d'éviter les problèmes avec les systèmes de fichiers insensibles à la casse. De plus, cette syntaxe tend à devenir la norme…

Dans sa forme la plus simple, la déclaration d'un composant (global, dans ce cas) se fait par son nom :

Version kebab-case

```
Vue.component('mon-composant', { /* options */ })
```

Version PascalCase

```
Vue.component('MonComposant', { /* options */ })
```

Pour utiliser notre composant, il suffit d'ajouter le tag HTML reprenant le nom que nous lui avons donné dans la déclaration de notre composant :

Version kebab-case

```
<mon-composant></mon-composant>
```

Version PascalCase

```
<MonComposant></MonComposant>
```

Premier composant

Créons un composant nommé `cpn` qui ne fait qu'afficher un message : « Mon premier composant ». Nous utiliserons le CDN `cdnjs` (https://cdnjs.com/libraries/vue) avec l'éditeur `codepen` (https://codepen.io) afin de centraliser tout le code sur une page et donc en faciliter sa lecture.

```
<!DOCTYPE html>
<html>

  <head>
    <script src="https://cdnjs.cloudflare.com..."></script>
  </head>

  <body>
    <div id="app">
      <cpn></cpn>
    </div>
    <script>
      Vue.component("cpn", {
        template: "<h1>Mon premier composant</h1>"
      });
```

```
    var app = new Vue({
      el: '#app'
    });
  </script>
</body>

</html>
```

La page se compose ainsi :

- La balise `head` avec l'injection du framework Vue.js (via le CDN).
- La balise `body` qui contient le cœur de notre application (HTML + script).
- L'élément `div` avec l'identifiant `app` qui contient l'instance racine de Vue.
- Notre composant `cpn` avec :
  - Son nom `cpn`.
  - Une option `template` qui contient notre message. Ce template est le rendu final (une fois calculé) de notre composant.
- Une balise de script avec :
  - L'option `template` qui est la structure HTML du rendu de notre composant.
  - L'instanciation racine de Vue.js que l'on attache à l'élément ayant pour identifiant `app`.

La figure 7-1 présente le rendu :

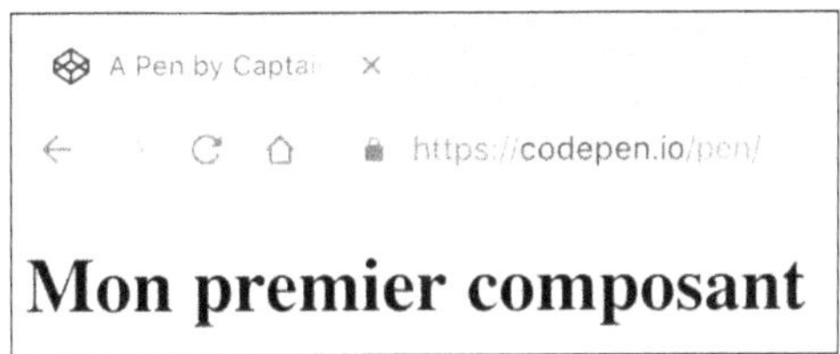

Figure 7-1 – Premier composant

Nous avons défini un composant comme une entité réutilisable. Nous pouvons donc écrire :

Réutilisabilité de cpn

```
<body>
  <div id="app">
    <cpn></cpn>
    <cpn></cpn>
    <cpn></cpn>
  </div>
</body>
```

Le composant est ainsi dupliqué avec sa propre étendue *(scope)*. La figure 7-2 présente le résultat :

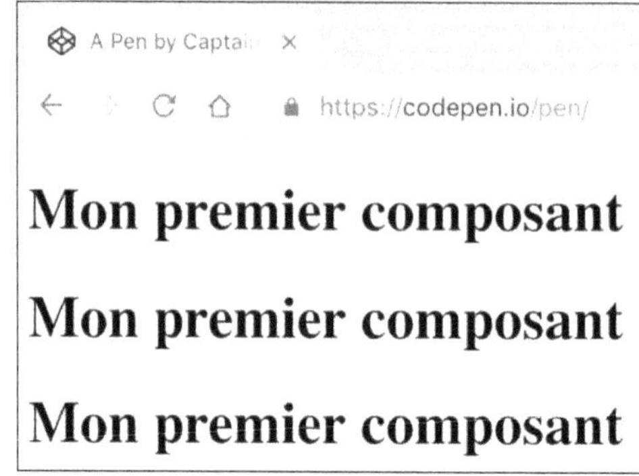

Figure 7-2 – Premier composant réutilisé

Les options structurantes

Le composant précédemment créé est complètement statique et n'offre que peu d'intérêt. Vue nous permet de lui ajouter cinq options (ou data) telles que `data`, `props`, `computed`, `methods` et `watch`. Nous allons donc parcourir chacune de ces options afin de comprendre leur utilité.

Data : les variables réactives

Cette option est une fonction qui contient un objet de données – écrit entre accolades `{}` –, qui sera converti en propriétés réactives que l'on appelle accesseurs/mutateurs *(getters/setters)*. Ces propriétés seront retournées par la fonction et serviront de variables, notamment à notre composant. Dans l'exemple suivant, nous avons une data nommée `txt`, qui a pour valeur une chaîne de caractères – « Mon premier composant » –, et cette data sera rendue dans le template par l'intermédiaire de `mustache`.

```
Vue.component("cpn", {
  data: function() {
    return {
      txt: 'Mon premier composant'
    }
  },
  template: "<h1>{{txt}}</h1>"
});
```

Nous comprenons ici que si un événement altère la valeur de la variable `txt`, le rendu du template sera automatiquement mis à jour. Voyons cela en remplaçant l'élément titre `h1` par un bouton. Ensuite, pour chaque clic sur ce bouton, nous ajouterons un point d'exclamation à la data `txt`.

```
Vue.component("cpn", {
  data: function() {
    return {
      txt: 'Mon premier composant'
    }
  },
  template: "<button @click='txt+=\"!\"'>{{txt}}</button>"
});
```

Voici le rendu après 3 clics sur le bouton :

Figure 7-3 – Option data

La valeur de `txt` est incrémentée à chaque clic d'un point d'exclamation et nous observons que le template est automatiquement mis à jour.

Props : les propriétés de communication

Les `props` représentent les propriétés, les attributs d'un composant. Elles permettent au composant parent de passer des données suivant un ou plusieurs types définis ou bien de manière générique.

Supposons que nous avons un contrôle de type bouton (même exemple que précédemment) pour lequel nous voulons passer en paramètres :

- un style : ensemble de propriétés CSS ;
- une disponibilité propriété HTML `disabled` classique d'un bouton ;
- une ou plusieurs classes.

Dans le cas simple, nous définissons une liste de propriétés génériques sans se soucier d'autres choses.

```
Vue.component('cpn', {
  props: ['design', 'disabled', 'classe']
})
```

Bien entendu, il faudra modifier les attributs du bouton pour qu'il prenne en considération les propriétés que nous souhaitons lui affecter. Le template doit être modifié comme ceci :

```
template: `<button :style='design'
                   :disabled='disabled'
                   :class='classe'
                   @click='txt+-\"!\"'>
    {{txt}}
</button>`
```

Nous observons que les options `props` sont liées à notre élément bouton par l'intermédiaire d'une directive que nous avons vu auparavant, à savoir `v-bind`.

L'utilisation du composant peut prendre de multiples formes, de la plus simple, comme nous l'avons déjà vu :

```
<cpn></cpn>
```

À une utilisation plus complète comme ici :

```
<cpn design="color:red; font-weight:bold"
     :disabled=false
     classe="toto">
</cpn>
```

Le bouton aura ainsi la forme illustrée par la figure 7-4.

Figure 7-4 – Option props

Notons que le passage d'une propriété de type chaîne de caractères (`String`) n'est jamais liée/bindée avec les deux-points (`:`). Ces derniers sont utilisés pour la liaison avec les autres types tels que (par ordre alphabétique) `Array`, `Boolean`, `Date`, `Function`, `Number`, `Object`, `String` et `Symbol`, mais également pour deux types d'options de composant (de type `Function`) que nous avons brièvement abordés et qui seront développés plus tard : `methods` et `computed`.

Dans le cas suivant, qui présente l'écriture fortement recommandée, nous ajouterons à nos propriétés plusieurs critères tels que :

- Le ou les types (tableau de types dans le cas multiple) :
  - `Array` : tableau ;
  - `Boolean` : valeur booléenne (`true/false`) ;
  - `Date` : date ;
  - `Function` (dont `methods` et `computed`) : fonction ;
  - `Number` : valeur numérique ;
  - `Object` : objet ;
  - `String` : chaîne de caractères ;
  - `Symbol` : caractère spécial HTML.
- La valeur par défaut avec l'utilisation du mot-clé `default` suivi de la valeur affectée.

- À noter également que pour les types `Array` et `Object`, il est nécessaire d'utiliser une fonction d'affection (voir l'option `props classe:` dans l'exemple suivant).
- L'obligation de renseigner la propriété avec utilisation du mot-clé `required` (qui vaut `false` par défaut).

Par ailleurs, une méthode de validation peut également être utilisée pour vérifier que la valeur renseignée dans la propriété correspond à ce que l'on souhaite limiter (par exemple, pour `Number`, définir une plage de valeurs avec un minimum et un maximum). Cette limitation est utilisée dans l'option `props classe:` de l'exemple suivant et le test n'autorise que l'affectation de classe que nous voulons limiter, à savoir `toto`, `titi` et `tata`.

Pour que le test de validation passe, il doit retourner la valeur `true`.

```
Vue.component("cpn", {
  props: {
    // Type
    design: {
      type: String,
      default: 'background:lightblue',
    },

    // Type booléen et obligatoire
    disabled: {
      type: Boolean,
      required: true,
      default: false
    },

    // Valeur par défaut + obligatoire + validation
    classe: {
      type : [Array, String],
      default: () => ['toto', 'titi'],
      validator: function (valeur) {
        const allowClasses = ['toto', 'titi', 'tata']
        if(typeof valeur === 'string') {
          return allowClasses.indexOf(valeur) >= 0
        }else {
          return valeur.every(v => allowClasses.indexOf(v) >=0)
        }
      }
    }
  },
  template: `<button :style=design
                     :disabled=disabled
                     :class=classe
                     @click='txt+=\"!\"'>
                {{txt}}
                </button>`
});
```

Avec notre nouvelle écriture, l'utilisation du composant ne peut se faire sans l'option `props :disabled` car nous l'avons défini à `required: true`. Ainsi, la forme la plus simple est l'une des propositions suivantes :

```
<cpn :disabled="false"></cpn>
<cpn :disabled="true"></cpn>
<cpn :disabled=true></cpn>
<cpn :disabled=false></cpn>
```

Voici le rendu final pour la proposition suivante :

```
<div id="app">
  <cpn design="color:red; font-weight:bold"
       :disabled=false
       classe="toto">
  </cpn><br><br>
  <cpn :disabled=true></cpn><br><br>
  <cpn :disabled="false"></cpn>
</div>
```

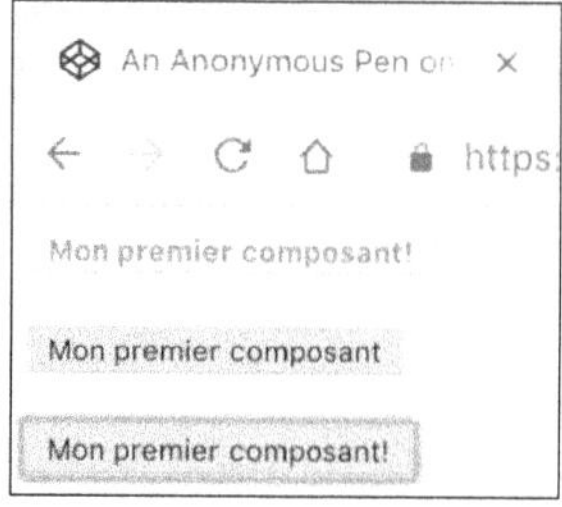

Figure 7-5 – Option props complète

Chaque bouton a été cliqué une fois et l'on remarque que le premier bouton est le même que celui de la figure 7-4. Aucun style n'est appliqué aux deux autres. Il est impossible de cliquer sur le deuxième alors que cela est possible pour le troisième et dernier.

Bien entendu, la proposition de cette dernière forme est à titre d'exemple. Nous pouvons ajouter des classes et autant de propriétés de styles que nous le souhaitons.

Important

Notons que les options `props` sont immuables au sein du composant, ce qui signifie que celui-ci ne peut pas modifier la valeur de ses propres options `props`. Nous verrons au chapitre 7 comment communiquer avec les composants.

Note

Le rendu est plus rapide en utilisant `v-if="props.show"` plutôt que `v-if="show"` mais cela influe sur la simplification d'écriture. Afin de simplificier l'écriture dans cet ouvrage, nous gardons l'écriture standard.

Methods : les fonctions de traitement

L'option `methods` (« méthodes » en français) est un ensemble de méthodes/fonctions qui seront directement ajoutées à l'instance de Vue de notre composant. Ces méthodes sont des blocs de traitement, de code, dans lesquels nous pouvons retourner ou non une valeur.

Écrivons cette option dans notre composant avec six méthodes afin d'en balayer les possibilités :

```
<script>
export default {
  name: "moncomposant",
  data() {
    return {
      val: 'Super Method'
    };
  },
  methods: {
    methodeUne(){
      // Action sans retour
    },
    methodeDeux(){
      // Action avec retour
      return 'valeur';
    },
    methodeTrois(p){
      // Action avec paramètre p
    },
    methodeQuatre(p){
      // Action avec paramètre et retour
      return 'valeur' + p;
    },
    methodThis() {
      console.log("standard : " + this);
    },
    methodeThisFlechee: () => {
      console.log("fleche : " + this);
    }

  }
};
</script>
```

Modifions l'événement sur notre bouton afin de pouvoir tester chacune des méthodes :

```
<button @click='methodThis'>{{txt}}</button>
```

Notons que le contexte courant du composant est atteignable via le mot-clé `this` et qu'il n'est donc pas préconisé d'utiliser des fonctions fléchées, ce qui crée un nouveau contexte.

Voici ce que retourne `methodThis` :

```
standard :
a {_uid: 1, _isVue: true, $options: {…}, _renderProxy: a, _self: a, …}
$attrs: (...)
$children: []
$createElement: ƒ (e,n,r,i)
$el: div
$listeners: (...)
```

Et `methodeThisFlechee` :

```
fleche :
Window {postMessage: ƒ, blur: ƒ, focus: ƒ, close: ƒ, parent: Window, …}
Vue: ƒ un(e)
alert: ƒ alert()
…
```

On constate que la méthode `methodThis` retourne le contexte courant avec tous les éléments qui le composent (fonctions, propriétés, etc.). En revanche, pour `methodeThisFlechee`, c'est le contexte racine qui est retourné avec l'objet `Window` et l'instance de Vue, entre autres. Cela confirme que dans la seconde méthode, nous sommes ce que nous appelons « hors scope », c'est-à-dire hors portée.

Mauvais code

```
Method2 : () => { this.disabled } // ERR
```

Bon code

```
Method1 : function() { this.disabled } // OK
Method1() { this.disabled } // OK
```

Ces méthodes peuvent être soit :

- appelées via d'autres options `methods` ou `computed` (voir la section suivante) ;
- interprétées à travers divers rendus ;
- attachées à des événements.

Voici un exemple d'une méthode que nous nommons `methodeCaller` qui appelle la `methodeQuatre` et en affiche le résultat dans la console.

```
methodeCaller() {
  console.log(this.methodeQuatre(' - TEST'));
}
```

Le bouton appelant sera écrit comme ceci :

```
<button @click='methodeCaller'>{{txt}}</button>
```

La console retournera tout logiquement : `valeur - TEST`

Computed : le calcul avec mise en cache

Cette option est assez identique à l'option `methods` sauf qu'elle n'accepte pas les paramètres et doit obligatoirement retourner une valeur. Elle peut donc utiliser en lecture seule des variables de type `data` pour sa gestion interne ou d'autres options `methods` ou `computed`.

De plus, sa valeur est calculée et mise en cache, ce qui signifie que si nous appelons *n* fois notre méthode `computed` sans en modifier les dépendances réactives, le traitement de cette méthode sera contourné les *n-1* fois et le résultat mis en cache sera automatiquement retourné. Si une dépendance réactive est modifiée, la méthode recalcule automatiquement son résultat.

Pour ajouter une option `computed` à notre script, il suffit d'ajouter une méthode, `multiplier` dans notre cas, comme suit :

```
<script>
export default {
  data() {
    return {
      nb1: 5,
      nb2: 10
    };
  },
  computed: {
    multiplier() {
      return this.nb1 * this.nb2
    }
  },
  mounted() {
    console.log(this.multiplier);
    this.nb1 = 2;
    console.log(this.multiplier);
  }
};
</script>
```

La fonction `multiplier` ne fait que multiplier les variables `nb1` et `nb2` de l'option `data`.

Lorsque le chargement est terminé et que nous sommes dans le hook `mounted`, nous appelons une première fois `multiplier`, puis nous modifions `nb1` de `5` à `2` et nous appelons de nouveau `multiplier`. La console du navigateur affichera :

```
50
20
```

Preuve que la méthode `multiplier` se met à jour automatiquement grâce au système réactif de Vue.

Voici un exemple qui illustre le processus de cache cité précédemment. Pour cela, nous appelons une option `computed` et une option `method` avec cache plusieurs fois grâce au hook `mounted` de notre composant, puis à un bouton dans le template :

```
<template>
    <button @click="this.caller">Modif du cache</button>
</template>

<script>
export default {
  name: "tips",
  data() {
    return {
      cache: null,
      nb1: 5,
      nb2: 10
    };
  },
  methods: {
    caller() {
      this.mCache(8);
      console.log('computed : ' + this.cCache);
    },
    mCache(val) {
      if (this.cache !== undefined
        && this.cache !== null
        && val === this.cache.in) {
        console.log('CACHE : ' + this.cache.out);
        return;
      }
      this.nb2 = val;
      this.cache = { in: val, out: this.nb1 * val };
      console.log('NOUVEAU CACHE : ' + this.cache.out);
    }
  },
  computed: {
    cCache() {
      return this.nb1 * this.nb2
    }
  },
  mounted() {
    this.mCache(this.nb2);
    console.log("computed : " + this.cCache);
  }
};
</script>
```

Voici le contenu de la console du navigateur, après trois clics sur le bouton :

```
NOUVEAU CACHE : 50
computed : 50
NOUVEAU CACHE : 40
computed : 40
CACHE : 40
computed : 40
CACHE : 40
computed : 40
```

Nous nous servons d'une variable `cache` dans l'option `data` pour stocker le résultat (multiplication de `nb1` avec `nb2` ou paramètre `val`). Cette technique est écrite dans sa forme la plus simple, il est possible de gérer tout un système de cache avec historique, de multiples méthodes… Cela peut également être fait via le `localstorage` ou encore le store `VueX`, par exemple.

Différences entre les options methods et computed

Tableau 7-1. Option methods vs option computed

Option methods	Option computed
Accepte les paramètres.	N'accepte pas de paramètres.
N'a pas l'obligation de retourner une valeur mais peut en retourner une.	A l'obligation de retourner une valeur.
Est recalculée à chaque appel.	La valeur calculée est mise en cache et sera recalculée si, et seulement si, une dépendance réactive change !

Comprenons donc que ces deux options de composant ont chacune leur utilité.

Watch : personnaliser l'observation des changements

Cette option est un objet avec une ou plusieurs clés. Ces clés sont des variables de l'option `data` qui sont surveillées (c'est pourquoi l'option s'appelle `watch`, qui signifie « regarder », « observer »). Ainsi, lorsque la valeur d'une clé change, la méthode associée à cette clé est exécutée.

Dans l'exemple suivant, nous avons dans le template une `mustache` qui affiche la valeur de la variable `info` et un bouton d'incrément, comme nous l'avons déjà vu dans un chapitre précédent. Lorsque l'on clique sur le bouton, la variable `nbClic` (qui est notre clé) s'incrémente d'un point. Le *watcher* adossé à la variable `nbClic` se déclenche alors et exécute la fonction associée. Cette fonction modifie la variable `info` pour afficher l'ancienne valeur et la nouvelle valeur de `nbClic` grâce aux paramètres `val` et `oldVal` (noms arbitraires ici) de cette fonction.

```
<template>
  <div>
    {{info}}<br>
    <button @click="nbClic+=1">
      Incrément : {{nbClic}}
    </button>
  </div>
</template>
```

```
<script>
export default {
  name: "watcher",
  components: {
    user: () => import("./controls/User")
  },
  data() {
    return {
      nbClic: 0,
      info: null
    };
  },
  watch: {
    nbClic: function (val, oldVal) {
      this.info = `Ancienne valeur : ${oldVal} - Nouvelle : ${val}`
    }
  }
};
</script>
```

Le template généré est le suivant :

Figure 7-6 – Observateur watch

Après quatre clics sur le bouton, l'observateur a bien fait son travail. Le template est le suivant :

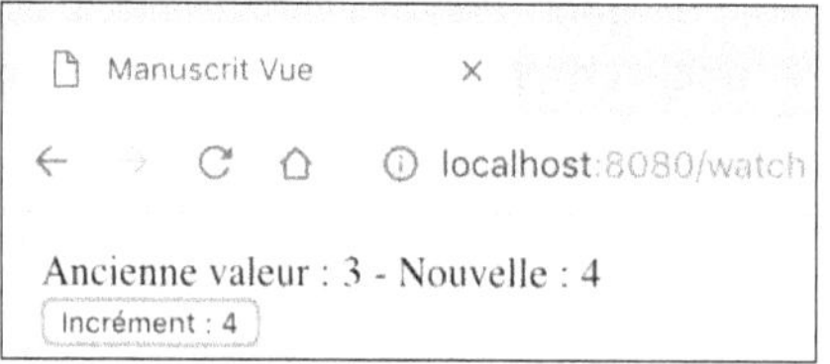

Figure 7-7 – Observateur watch après écoute

Note

L'observateur `watch` est utilisé avec une fonction classique et non une fonction fléchée, sinon nous sommes hors contexte ce qui signifie que la variable `info` ne serait pas atteignable avec `this`.

Notons que la clé peut avoir :

- Une méthode associée nommée `handler` avec comme paramètres : valeur courante et ancienne valeur (cette méthode peut aussi être un tableau de méthodes).
- Une option `deep` (booléen), qui permet de détecter un changement en profondeur dans des valeurs imbriquées de l'objet (variable) observé. Cette option est inutile pour une variable de type tableau (`Array`) ;
- Une option `immediate` (booléen), qui déclenchera immédiatement la méthode associée à la clé avec la valeur actuelle sans en attendre la modification.

Reprenons l'exemple précédent avec une profondeur de déclaration dans nos variables `nbClic` et `info` de un.

Premièrement, pour atteindre ces variables, nous devons donner le chemin complet dans le template. Il en va de même pour l'option `watch`, dont le chemin doit être mis entre guillemets simples droits.

Deuxièmement, nous ajoutons une écoute sur l'objet `variable` avec l'option `deep` à `true` afin de déclencher une fonction dès qu'une modification est apportée et ce, à n'importe quel niveau de l'objet. Nous afficherons l'ancien objet dans la variable `deepChangement` dans le template. Voici le code source de la modification :

```
<template>
  <div>
    <div class="block">
      {{deepChangement}}<br>
      {{variable.lointaine.info}}<br>
      <button @click="variable.lointaine.nbClic+=1">
        Incrément : {{variable.lointaine.nbClic}}
      </button>
    </div>
    <div class="block">

    </div>
  </div>
</template>

<script>
export default {
  name: "watcher",
  components: {
    user: () => import("./controls/User")
  },
  data() {
    return {
      variable: {
        lointaine: {
          nbClic: 0,
          info: null
        }
```

```
      },
      deepChangement: null
    };
  },
  methods: {
    toucheF1(e) {
      alert("Touche F1 pressée");
    }
  },
  watch: {
    'variable.lointaine.nbClic': function (val, oldVal) {
      this.variable.lointaine.info = `Ancienne valeur :
                                      ${oldVal} -
                                      Nouvelle : ${val}`
    },
    variable: {
      handler: function (val, oldVal) {
        this.deepChangement = oldVal
      },
      deep: true
    }
  }
};
</script>
```

Au bout de quatre clics, le template sera modifié de la sorte :

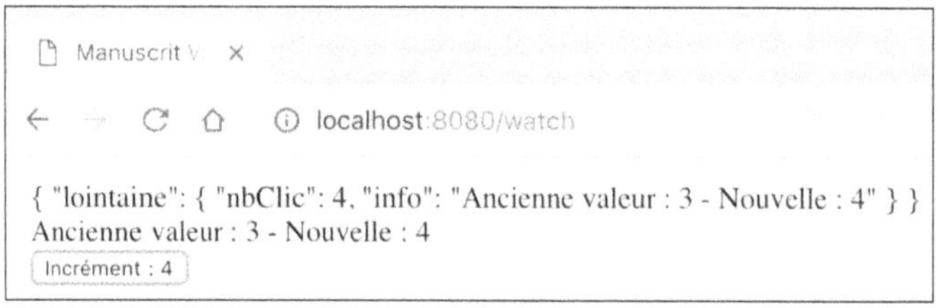

Figure 7-8 – Observateur watch avec option deep

V-model personnalisé

Comme nous l'avons vu, la directive `v-model` se sert de l'attribut `value` d'un élément de type `input`, `select` ou `textarea` et de l'événement `input` pour réaliser la liaison bidirectionnelle.

Supposons que nous ayons un élément `input` avec une option `data` nommée `name` pour un formulaire où l'on stocke le nom de l'utilisateur. Le code dans Vue sera le suivant :

```
<input v-model="name" />
```

Et sera traduit par le code JavaScript natif suivant :

```
<input :value="name" @input="e => name = e.target.value" />
```

À présent, imaginons que nous voulons créer un composant totalement personnalisé et que nous souhaitons pouvoir modifier sa valeur avec son composant parent. Nous pouvons utiliser les événements avec un `$emit(evenement, …)` pour l'enfant et un `@evenement="…"` pour le parent. Néanmoins, dans ce cas, il est bien plus simple et intéressant d'utiliser une directive `v-model` personnalisée afin de réaliser la liaison.

Ce `v-model` personnalisé est un objet que l'on insère dans notre composant et qui doit contenir deux éléments, à savoir la propriété et l'événement lié.

Admettons que nous souhaitons faire un contrôle de type `checkbox` personnalisé que nous appelons `CustomCheck`. Sa vocation est d'être l'émule d'un contrôle `checkbox` classique, à savoir être coché ou décoché, à laquelle nous proposons une liberté de couleurs. Ainsi, lorsque l'utilisateur clique sur le composant, ce dernier transmet à son composant parent la nouvelle valeur `checked` qui met à jour la propriété de `CustomCheck` qui effectue le nouveau rendu. Voici le code pour notre composant personnalisé avec son modèle associé :

```
<template>
  <div class="checkbox" :style="backColor" @click="emitChange">
    <div class="check" :style="frontColor" v-if="checked"></div>
  </div>
</template>

<script>
export default {
  model: {
    prop: "checked",
    event: "change"
  },
  props: {
    checked: Boolean,
    colors: {
      type: Array,
      default: () => ['lightslategray', '#fff', 'lightblue'],
      validator: value => {
        return value.length === 3
      }
    }
  },
  methods: {
    emitChange(e) {
      this.$emit("change", !this.checked);
    }
  },
  computed: {
    backColor() {
      return `border:1px solid ${this.colors[0]};
              background: ${this.colors[1]}`
    },
```

```
      frontColor() {
        return `background:${this.colors[2]}`
      }
    }
  };
  </script>

  <style lang="scss" scoped>
  .checkbox {
    height: 1rem;
    width: 1rem;
    cursor: pointer;
    position: relative;
  }
  .check {
    position: absolute;
    top: 50%;
    left: 50%;
    transform: translate(-50%, -50%);
    height: 60%;
    width: 60%;
  }
  </style>
```

Puis, dans le composant parent, nous importons `CustomCheck` en lui affectant de nouvelles couleurs et surtout, nous utilisons notre fameux objet `v-model` personnalisé :

```
<template>
  <div>
    <chk v-model="customCheck" :colors=customCheckColors />
    Checkbox {{customCheck ? "cochée" : "décochée"}}
  </div>
</template>

<script>
export default {
  components: {
    chk: () => import("./controls/CustomCheck")
  },
  data() {
    return {
      customCheck: null,
      customCheckColors: ['blue', 'white', 'red']
    };
  },
};
</script>
```

Lorsque notre composant sera cliqué, nous aurons le rendu détaillé de la figure 7-9 dans Vue.js devtools) :

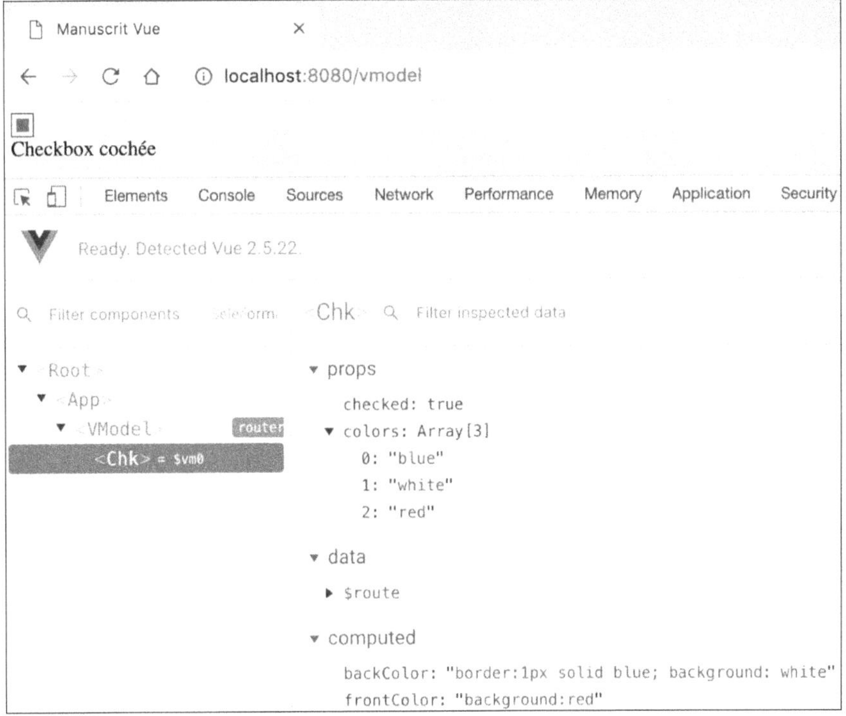

Figure 7-9 – Objet v-model personnalisé

Création locale

La création locale signifie que le composant ne sera accessible que dans l'instanciation courante, par exemple dans une page. Elle se fait par l'instanciation d'une variable avec un template sous forme de texte. Voici un exemple simple d'un composant nommé `button-incr` qui ne fait qu'afficher le nombre de clics – enregistré dans la variable `nb` – qu'il a reçu :

```
let buttonIncr = {
  data: function() {
    return {
      nb: 0
    };
  },
  template: '<button @click="nb++">{{ nb }} clics</button>'
};
```

Ensuite, nous devons l'importer dans notre instance de Vue pour pouvoir l'utiliser :

```
new Vue({
  el: "#app",
  components: {
    'button-incr': buttonIncr
   },
  template: "<App/>"
});
```

Pour finir, il suffit d'ajouter notre composant sur notre vue :

```
<button-incr></button-incr>
```

Il est à noter deux limitations :

- le composant ne sera pas disponible dans les sous-composants ;
- la gestion des éléments du template et les interactions deviennent difficiles à gérer sur de gros composants.

Création globale

La déclaration globale permet quant à elle de pouvoir utiliser notre composant sur n'importe quel niveau de nœud du DOM.

```
Vue.component("buttonIncr", {
  data: function() {
    return {
      nb: 0
    };
  },
  template: '<button @click="nb++">{{ nb }} clics</button>'
});
```

Important

La création globale doit être réalisée avant la création de l'instance racine de Vue afin que les composants soient pris en charge !

Création mono-fichier

Cette forme d'écriture est celle qui est préconisée. Elle consiste en la création d'un fichier unique ayant pour extension `.vue` (par exemple, `buttonIncr.vue`) et comme contenu la globalité des éléments d'un composant à savoir :

- le template ;
- le script ;

- le style.

Comme mentionné dans le chapitre 2 sur les outils, page 13, l'installation de l'extension Vetur sous VS Code est fortement recommandée pour l'écriture de composant mono-fichier au format Vue. De plus, le CLI Vue permet de prendre en charge ce type de fichier. Voici un exemple d'un composant mono-fichier avec une structure complète :

```
<template>
  <div class="inutile">
    {{valeur}}
  </div>
</template>

<script>

export default {
  name: 'name',
  mixins: [],
  components: {},
  data() {
    return {
      valeur: 'Composant inutile'
    };
  },
  model: {},
  props: {},
  methods: {},
  computed: {},
  watch: {},
  beforeCreate() { },
  created() { },
  beforeMount() { },
  mounted() { },
  beforeUpdate() { },
  updated() { },
  beforeDestroy() { },
  destroyed() { },

  /* Voir chapitre dédié
  provide() {},
  inject: {},
  extends: NomComposant,
  */
}
</script>

<style>
.inutile {
  color: greenyellow;
  background-color: black;
}
</style>
```

Note

L'option `mixins` est un tableau d'import de mixins. Pour plus de détails, voir le chapitre 11 consacré aux mixins.

Par défaut, le style est en CSS. Cependant, en utilisant un préprocesseur, il est possible d'utiliser, par ordre alphabétique :

- `Less` ;
- `PostCSS` ;
- `Pug` ;
- `Sass` ;
- `SCSS` ;
- `TypeScript`.

Avec NPM, il est possible d'installer le préprocesseur `sass` via cette commande :

```
npm install -D sass-loader node-sass
```

Notons que le style par défaut est global à toute l'application donc partagé à tous les éléments. Cependant, nous pouvons le « scoper » c'est-à-dire lui affecter une portée limitée à notre composant. Ainsi, le style ne sera pas projeté sur d'autres éléments de l'application.

Pour ce faire, on utilise le mot-clé `scoped` tel que :

```
<style lang="scss" scoped>
.inutile {
  color: greenyellow;
  background-color: black;
}
</style>
```

Écriture alternative

Bien que l'écriture mono-fichier soit préconisée, nous pouvons encore choisir d'éclater notre composant avec un fichier .vue, qui définira le template et fera les liaisons sur un fichier .js – lequel renfermera la logique du composant –, et un fichier .css (ou tout autre type de style), contenant le style du composant. Ce qui donnera par exemple :

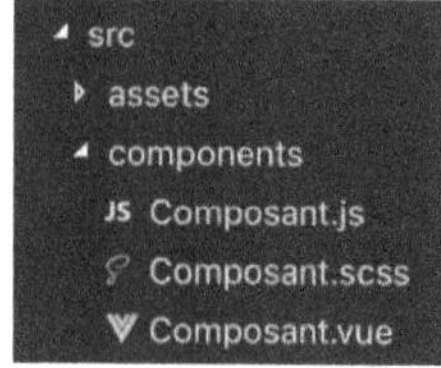

Figure 7-10 – Composant mono-fichier éclaté

Voici les contenus des fichiers :

Composant.vue

```
<template>
  <div class="main">{{msg}}</div>
</template>
<script src="./Composant.js"></script>
<style src="./Composant.scss"></style>
```

Composant.js

```
export default {
  data() {
    return {
      msg: "composant éclaté",
    };
  },
  methods: {},
  computed: {},
  //...
};
```

Composant.scss

```
.main{
  color: yellowgreen;
  background-color: black;
}
```

Optimisation avec l'architecture modulaire

On entend par « système de modules » l'utilisation d'un empaqueteur comme précédemment cité, qui permet d'importer au besoin le composant voulu.

Il est préconisé d'éviter de déclarer tous ses composants en global ou en local dans un fichier unique ou de manière fixe dans nos pages/composants, mais de les déplacer dans des fichiers externes spécifiques comme ceci :

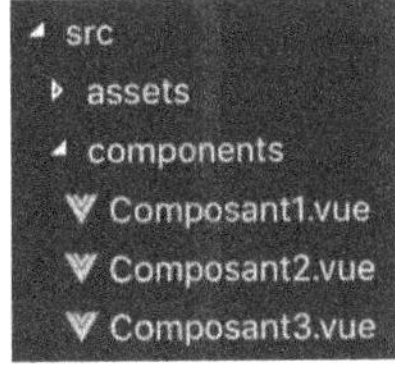

Figure 7-11 – Composant mono-fichier éclaté

Ainsi, nous éclatons notre écriture pour dédier un fichier par composant, ce qui facilite la gestion et la maintenance de nos multiples composants. Cette mécanique permet au navigateur de ne charger que les pièces nécessaires et donc de ne pas analyser le code qui n'est pas utilisé, accélérant de ce fait le rendu de page. Nous pouvons ainsi importer notre composant comme ceci :

```
import MonComposantA from './Components/MonComposantA.vue'
```

et le déclarer dans notre instance via :

```
export default {
  components: {
    MonComposantA,
  }
};
```

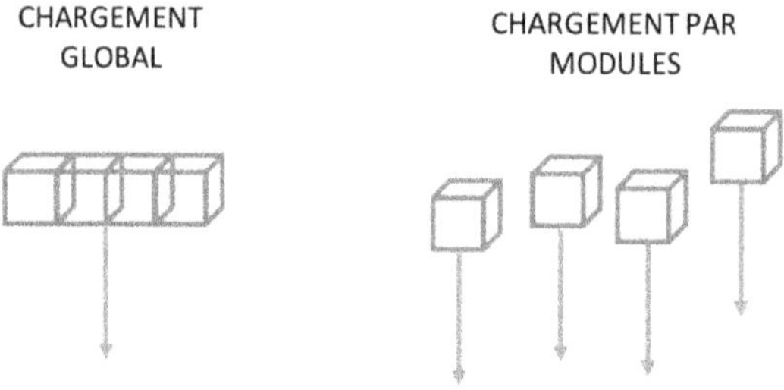

Figure 7-12 – Chargement modulaire

Pour connaître la charge, dans le navigateur Chrome, ouvrez l'outil de développement (***Ctrl+Maj+I*** sous Windows ou ***Cmd+Options+I*** sous macOS) et cliquez sur l'onglet ***Network***. Cliquez ensuite sur le bouton rouge d'enregistrement (***Recording***). Pour finir, rechargez la page. Voici un exemple de chargement d'une page avec un focus d'une seconde :

Elements Console Sources Network Performance Memory Application Security

View: Group by frame Preserve log Disable cache Offline Online

Filter Hide data URLs All XHR JS CSS Img Media Font Doc WS Manifest Other

200 ms 400 ms 600 ms 800 ms 1000 ms 1200 ms 1400 ms

Name	Status	Type	Initiator	Size	Time	Waterfall
ico-france.png?v1.97	200	png	(index)	7.4 KB	150 ms	
runtime.d41d8cd9.js?v1.97	200	script	(index)	924 B	117 ms	
app.67713500.js?v1.97	200	script	(index)	152 KB	375 ms	
probance-tracker.min.js?v1.97	200	script	(index)	8.8 KB	132 ms	
js?id=UA-1948942-4	200	script	(index)	31.9 KB	140 ms	
cubes.51115420.png	200	png	(index)	8.6 KB	159 ms	
bookstore.7004d4b0.jpg	200	jpeg	(index)	60.1 KB	234 ms	
shadow-top.5015070f.png	200	png	(index)	1.1 KB	231 ms	

74 / 80 requests | 2.6 MB / 2.6 MB transferred | Finish: 1.54 s | DOMContentLoaded: 1.04 s | Load: 1.41 s

Figure 7-13 – Temps de chargement

Nous remarquons qu'il y a eu 80 requêtes pour une taille totale de 2,6 Mo, le tout chargé en 1,54 seconde. Le graphique de la figure 7-13 détaille les temps par fichier, et dans la liste située en dessous chaque requête HTTP est détaillée.

Optimisation avec le lazy loading

Le chargement paresseux, ou *lazy loading* en anglais, permet de charger à la demande le code désiré. Ce qui est formidable avec Vue, c'est que c'est extrêmement facile et rapide à écrire. Deux propositions s'offrent à nous :

- Écrire des constantes en amont de notre instance, puis importer ces constantes dans l'option, comme ceci :

```
<template>
  <div>
    <cpt></cpt>
  </div>
</template>

<script>
const cpt = () => import ('Composant.vue')

export default {
  components:{
    cpt
    // Et les autres s'il y en a, séparés par des virgules
  }
}
</script>
```

- Directement importer le composant dans l'option, comme ceci :

```
<template>
  <div>
    <cpt></cpt>
  </div>
</template>

<script>

export default {
  components:{
    cpt : () => import ('Composant.vue')
    // Et les autres s'il y en a, séparés par des virgules
  }
}
</script>
```

Préconisation pour écrire rapidement un composant

Sous VS Code, il est possible d'insérer des snippets, c'est-à-dire des petits codes sources. Afin de réaliser rapidement des composants, nous pouvons préécrire un snippet.

Pour ce faire, cliquez sur ***Preferences*** dans VS Code puis sur ***User Snippets*** (figure 7-14). Saisissez ensuite `vue.json` dans la fenêtre qui s'ouvre.

Figure 7-14 – Menu permettant l'écriture d'un snippet dans VS Code

Une nouvelle fenêtre s'ouvre, dans laquelle vous saisirez le code suivant :

```
{
  "new": {
    "prefix": "__newVueFile",
    "body": [
      "<template>",
      "\t<div class=\"$name\">\r\n\t\t",
      "\t</div>",
      "</template>\r\n",
      "<script>\r\n",
      "export default {",
      "\tname: '$name',",
      "\tmixins:[],",
      "\tcomponents: {},",
      "\tdata() {",
      "\t\treturn {};",
      "\t},",
      "\tmodel: {},",
      "\tprops: {},",
      "\tmethods: {},",
      "\tcomputed: {},",
      "\twatch: {},",
      "\tbeforeCreate() { },",
      "\tcreated() { },",
      "\tbeforeMount() { },",
      "\tmounted() { },",
      "\tbeforeUpdate() { },",
```

```
        "\tupdated() { },",
        "\tbeforeDestroy() { },",
        "\tdestroyed() { },",
        "}",
        "</script>\r\n",
        "<style lang=\"scss\" scoped>",
        "//@import '$name.scss';",
        "</style>\r\n"
      ],
      "description": "Création d'un template de fichier Vue"
    }
  }
```

Pour utiliser notre template, créez un nouveau fichier dans VS Code avec l'extension .vue, puis saisissez deux underscores successifs (__). Une liste apparaît avec le nom de notre template, `__newVueFile`. Cliquez dessus afin de créer le fichier avec notre template.

Un focus est déjà positionné sur le nom de la classe, le nom du composant et le nom du fichier de style. Il suffit de saisir le nom de notre composant pour modifier les trois champs en même temps.

Pour finir, une fois le composant réalisé, supprimer les propriétés inutiles ou non utilisées.

Information

Le nom de template est une proposition et peut être remplacé par quelque chose qui parle plus au lecteur comme `nouveauComposantVue`. Par ailleurs, le fait de mettre les deux underscores (__) en préfixe permet à VS Code de nous proposer, par autocomplétion, directement nos snippets et pas tous ceux qui pourraient provenir de VS Code, de ses extensions ou d'autres outils.

Communiquer avec les composants

Le fait de pouvoir créer de multiples composants, les organiser par fichier et les réutiliser à divers niveaux de notre application nous facilite beaucoup le travail. Cependant, leur intérêt est limité s'ils ne peuvent communiquer.

Un parent passe des propriétés (pass props) tandis que l'enfant émet des événements (emit events) :

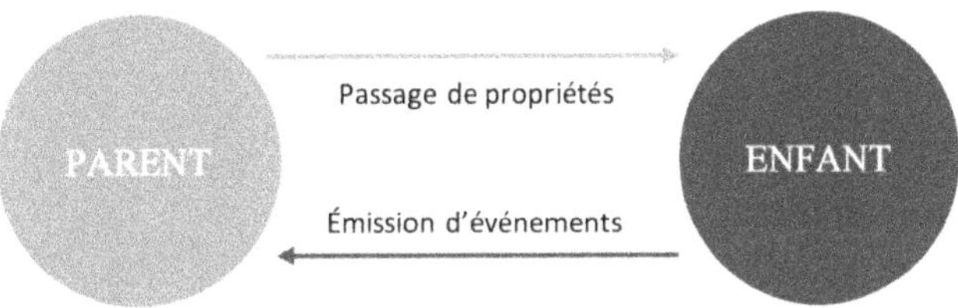

Figure 7-15 – Schéma de communication

Voyons chaque type de communication :

- entre un composant parent et un composant enfant,
- entre plusieurs composants,
- avec un composant récursif.

Nous allons créer un composant de type menu qui évoluera au fil des exemples pour expliquer chaque communication, sauf les communications inter-composants qui nécessitent un bus.

Pour commencer, nous avons un composant parent qui est notre page et qui importe un composant nommé `Menu` :

```
<template>
  <div>
    <mnu/>
  </div>
</template>

<script>
export default {
  components: {
    mnu: () => import("./controls/Menu")
  },
  data() {
    return { };
  },
  methods: {},
  computed: {}
};
</script>
```

Le code de base du menu est le suivant :

```
<template>
  <ul>
    <li
      v-for="(node,i) in nodes"
      :key="node+i"
    >{{node}}
    </li>
  </ul>
</template>

export default {
  props: {
    nodes: {
      type: Array,
      default: null,
    },
  }
}
</script>
```

Communication parent vers enfant

Comme nous l'avons vu précédemment, l'option `props` permet de décrire des propriétés d'un composant. C'est par ce biais que le composant parent communique les données voulues à l'enfant.

Admettons que nous souhaitons passer une liste de prénoms en suivant la variable `basicNodes` de type `Array` :

```
data() {
  return {
    basicNodes: [
      "Maxime", "Julien", "Fabien", "Brice"
    ],
},
```

Le template de la page devient alors :

```
<mnu :nodes=basicNodes />
```

Et le rendu final est le suivant :

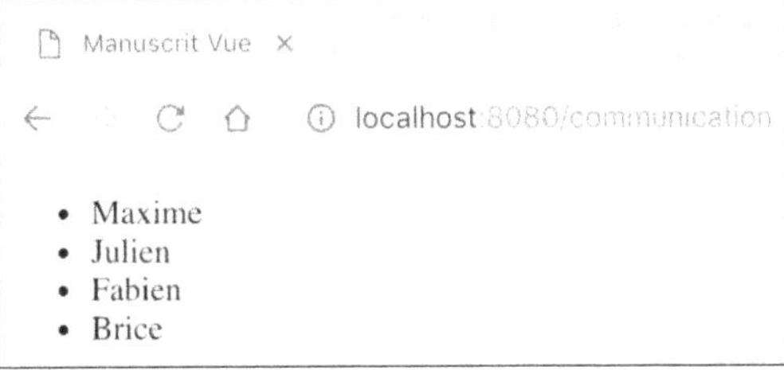

Figure 7-16 – Communication parent vers enfant

Communication enfant vers parent

Comme nous l'avons déjà souligné, un composant ne peut en son sein modifier ses valeurs de l'option `props` mais il peut avoir une valeur par défaut. Il doit donc passer par le composant parent pour pouvoir faire une modification. Il émet un événement *(emit event)* au parent, qui mettra automatiquement à jour la valeur de la propriété et pourra au passage en faire ce qu'il veut bien entendu.

Dans le composant `Menu`, nous décidons que les éléments sont désormais cliquables. Lorsque l'événement de clic est déclenché, le composant parent capte l'élément et l'affiche via une alerte. Ajoutons l'événement sur le composant parent comme suit :

```
<mnu
      :nodes=basicNodes
      @click="menuClic"
    />
```

La méthode `menuClic` affiche le message :

```
methods: {
  menuClic(val) {
    alert(val)
  }
},
```

Dans le composant `Menu`, nous ajoutons l'événement sur chaque élément `li`. Nous définissons dans la méthode d'événement `emit`, l'événement qui est à observer par le parent, soit `click` et la valeur retournée `n` qui sera l'élément `li` cliqué.

```
<li
  v-for="(node,i) in nodes"
  :key="node+i"
  @click="emitClic(node)"
>{{node}}
</li>
```

La méthode `emitClic` qui retournera le contenu au parent :

```
methods: {
  emitClic(n) {
    this.$emit("click", n)
  }
},
```

Nous ajoutons un style pour montrer à l'utilisateur que l'élément est cliquable :

```
<style lang="scss" scoped>
li {
  cursor: pointer;
}
</style>
```

Figure 7-17 – Communication enfant vers parent

Communication entre composants

Lorsque des composants n'ont aucun lien de parenté, la communication peut s'opérer de plusieurs manières en fonction des cas d'utilisation (`store` écoute sur `localstorage`, voir la section sur VueX au chapitre 2…). Nous allons nous focaliser sur la création d'un bus de communication en utilisant uniquement Vue natif.

Commençons par créer une nouvelle instance indépendante de Vue dans un fichier JavaScript que nous nommons simplement `Bus.js`. Ce bus servira de communication entre nos deux composants.

```
import Vue from 'vue'
export default new Vue()
```

Ensuite, créons un composant nommé `BoutonBus` qui aura :

- une importation du bus ;
- une propriété : `nom` ;
- un bouton pour envoyer un paquet au bus ;
- un élément `paragraphe` pour afficher le nom de l'émetteur du message et la date d'envoi du paquet récupéré dans le bus. Nous faisons un test pour ne pas afficher son propre message.

```
<template>
  <div>
    <p>{{msg}}</p>
    <button @click="emitClic">{{nom}} - Envoyer</button>
  </div>
</template>

<script>
import Bus from './Bus.js'

export default {
  data() {
    return {
      msg: null
    };
  },
  props: {
    nom: {
      type: String,
      required: true
    }
  },
  methods: {
    emitClic() {
      Bus.$emit("monEvenement", {
        "id": this.nom, "date": new Date().toString()
      })
    },
```

```
    busListen(e) {
      if (e.id !== this.nom)
        this.msg = e.id + " a envoyé un msg à " + e.date
    }
  },
  created() {
    Bus.$on("monEvenement", this.busListen)
  },
  destroyed() {
    Bus.$off("monEvenement", this.busListen)
  }
}
</script>
```

Ensuite, créons deux instances de ce composant sur un composant parent en leur associant un nom, respectivement `FOO` et `BAR` :

```
<template>
  <div>
    <btnb nom="FOO" />
    <btnb nom="BAR" />
  </div>
</template>

<script>
export default {
  components: {
    btnb: () => import("./controls/BoutonBus"),
  },

};
</script>
```

Le rendu initial est présenté à la figure 7-18 :

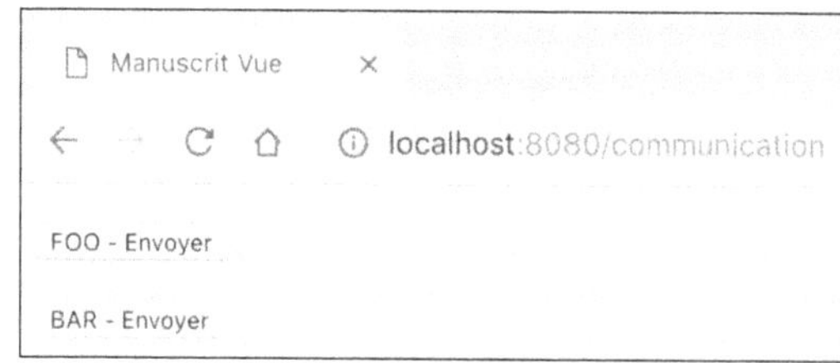

Figure 7-18 – Communication entre composants

Lorsque le bouton `FOO` est cliqué, `BAR`, par l'intermédiaire du bus, reçoit le paquet et affiche le message :

Figure 7-19 – Communication entre composants – Bouton FOO

Inversement, lorsque le bouton `BAR` est à son tour cliqué, le bouton `FOO` affiche le message :

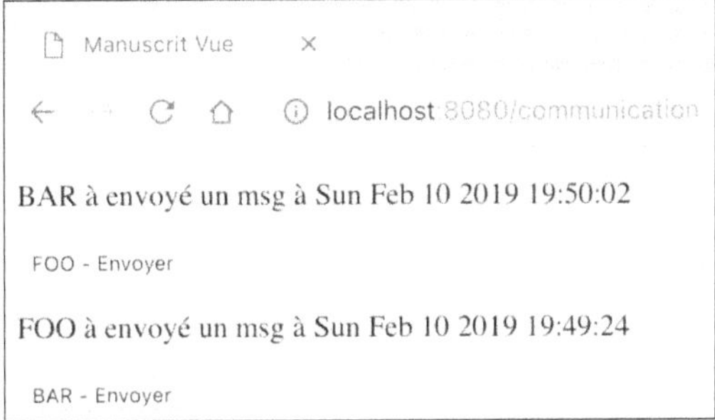

Figure 7-20 – Communication entre composants – Bouton BAR

Il faut donc comparer le bus à un canal d'échange sans aucun contrôle, comme une sorte de broadcast. Bien entendu, il est possible de gérer un système de store, de spécifier des chemins particuliers ou d'écrire toutes sortes de mécaniques.

Important

Lorsque l'on monte un événement via `$on`, il faut toujours le détruire à la fin du cycle de vie du composant dans le hook `destroyed` avec `$off`.

Communication avec un composant récursif

Dans cette partie, nous voulons afficher notre menu sous forme d'arbre hiérarchisé avec une infinité de niveaux (voir encadré suivant). Pour ce faire, nous utiliserons la récursivité. Remplaçons la variable `basicNodes` par une nouvelle variable, nommée `json`, afin de passer un objet JSON structuré – qui représente des personnes dans des services – à notre menu. Modifions ensuite l'événement comme ceci :

```
<template>
  <div>
      <mr
        :nodes=json
        :onselect="menuChange"
      />
  </div>
</template>

<script>
export default {
  components: {
    mr: () => import("./controls/Menu"),
  },
  data() {
    return {
      json: [{
        "id": 1,
        "label": "Service A",
        "nodes": [{
          "id": 11,
          "label": "Maxime"
        },
        {
          "id": 12,
          "label": "Fabien"
        },
        {
          "id": 13,
          "label": "Julien"
        }
        ]
      }, {
        "id": 2,
        "label": "Service B",
        "nodes": [{
          "id": 21,
          "label": "Brice"
        }]
      }],
    };
  },
  methods: {
    menuChange(val) {
      console.log(val);
    }
  }
};
</script>
```

Notre composant `Menu` va désormais avoir :

- Un élément `div` qui affiche le nœud courant de la récursivité avec :
  - une classe `item` ;
  - un style qui appelle une option `computed` nommée `indent` ;
  - un événement de clic qui appelle la méthode `selectNode`.
- La déclaration récursive de lui-même afin de créer les nouveaux nœuds avec :
  - une propriété `id` ;
  - une propriété `label` pour l'affichage du nœud courant ;
  - une propriété `nodes` qui retourne les nœuds successeurs du nœud courant ;
  - une propriété `depth` pour connaître la profondeur du nœud et qui indentera le menu ; pour cela, nous incrémentons de 1 à chaque passage ;
  - une propriété `onselect` qui sera notre bus de communication pour remonter jusqu'au parent.

```
<template>
  <div>
    // Nœud courant
    <div
      class="item"
      :style="indent"
      @click.self="selectNode"
    >{{label}}</div>

    // Appel récursif
    <mr
      v-for="(node,i) in nodes"
      :key="node+i"
      :id="node.id"
      :label="node.label"
      :nodes="node.nodes"
      :depth="depth + 1"
      :onselect="onselect"
    />
  </div>
</template>

<script>

export default {
  components: {
    mr: () => import('./MenuRec'),
  },
  props: {
    id: {
      type: Number,
    },
```

```
    label: {
      type: String,
      default: null,
    },
    nodes: {
      type: Array,
      default: null,
    },
    depth: {
      type: Number,
      default: 0,
    },
    onselect: null
  },
  methods: {
    selectNode() {
      this.onselect({
        id: this.id, label: this.label, nodes: this.nodes
      });
    },
  },
  computed: {
    indent() {
      return { transform: `translate(${this.depth * 10}px)` };
    },
  }
}
</script>

<style lang="scss" scoped>
.item {
  cursor: pointer;
}
.item:active {
  font-weight: bold;
}
</style>
```

Figure 7-21 – Communication dans un composant récursif

Important

L'infinité en récursivité n'est pas à prendre au pied de la lettre car si nous avons une redondance cyclique ou si la récursivité est trop importante, la pile mémoire explose.

Ceci a pour conséquence que le navigateur gèle et le serveur applicatif devrait se stopper.

Gestion de composants dynamiques

Dans certains cas, il peut être utile de charger des composants de manière dynamique selon des conditions particulières. Pour ce faire, Vue intègre l'attribut spécial `is`, qui couplé à l'élément `component`, permet de tester un composant soit par une chaîne de caractères (nom du composant), soit par un objet d'options de composant.

L'écriture la plus simple est la suivante, où la variable `maValeur` peut être une variable de l'option `data`, un retour de `method` ou de `computed` :

```
<component v-bind:is="maValeur"></component>
```

Prenons un cas simple. Nous créons trois composants locaux qui ne sont que des éléments `div` avec un texte de trois couleurs différentes. Nous avons ensuite deux variables :

- `boutons` : tableau d'objets avec identifiant (`id` qui correspond au composant) et libellé du bouton ;
- `boutonCourant` : chaîne de caractères qui récupère l'identifiant courant.

Le template génère les trois boutons grâce à la variable `boutons` et lorsqu'un clic survient sur l'un deux, l'élément `component` charge le composant dont l'identifiant correspond à celui du bouton cliqué s'il existe.

```
<template>
  <div>
    <button
      v-for="b in boutons"
      v-bind:key="b.id"
      v-bind:class="{ active: boutonCourant === b.id }"
      v-on:click="boutonCourant = b.id"
    >{{ b.label }}</button>
    <component v-bind:is="boutonCourant"></component>
  </div>
</template>

<script>
// Création de trois composants locaux
import Vue from "vue";
Vue.component('home', {
  template: '<div style="color:red">Page d\'accueil</div>'
})
Vue.component('posts', {
  template: '<div style="color:blue">Page de publications</div>'
})
```

```
Vue.component('about', {
  template: '<div style="color:green">Page À propos</div>'
})

export default {
  data() {
    return {
      boutons: [
        { id: 'home', label: 'Accueil' },
        { id: 'posts', label: 'Publications' },
        { id: 'about', label: 'À Propos' }
      ],
      boutonCourant: null,
    };
  },
};
</script>

<style>
button {
  margin: 5px;
}
.active {
  background-color: yellowgreen;
}
</style>
```

Si nous cliquons sur le deuxième bouton, la page ressemble à ceci :

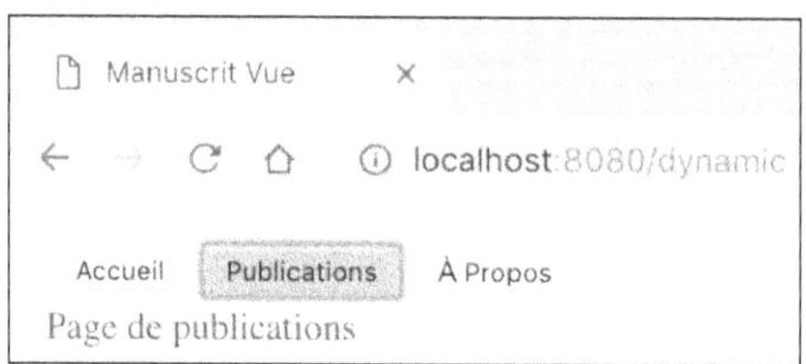

Figure 7-22 – Composant dynamique par nom

À présent, reprenons l'exemple mais avec l'objet d'options de composant. Cette fois, les composants sont dans l'objet `component` de chaque objet `b` de la variable `boutons`. Pour le reste, le principe reste quasi identique.

```
<template>
  <div>
    <button
      v-for="b in boutons"
      v-bind:key="b.id"
      v-bind:class="{ active: boutonCourant &&
                    boutonCourant.id === b.id }"
```

```
      v-on:click="boutonCourant = b"
    >{{ b.label }}</button>
    <component
      v-if="boutonCourant"
      v-bind:is="boutonCourant.component"
    ></component>
  </div>
</template>

<script>


export default {
  data() {
    return {
      boutons: [
        {
          id: 'home',
          label: 'Accueil',
          component: {
            template: '<div style="color:red">Page d\'accueil</div>'
          }
        },
        {
          id: 'posts',
          label: 'Publications',
          component: {
            template: '<div style="color:blue">Page de publications</div>'
          }
        },
        {
          id: 'about',
          label: 'À Propos',
          component: {
            template: '<div style="color:green">Page À propos</div>'
          }
        }
      ],
      boutonCourant: null,
    };
  },
};
</script>
```

Note

La classe de bouton contient un test complémentaire `boutonCourant &&` et l'élément `component` contient également `v-if="boutonCourant"`. En effet, si `boutonCourant` est `null` ou non défini (`undefined`), et que nous essayons de récupérer une variable en son sein, Vue nous retournera une erreur d'accessibilité.

Important

Le fait de permuter les composants détruit et recrée chacune des instances de ces derniers. Pour les garder en cache, utilisez le composant `keep-alive` qui sera détaillé au chapitre 9.

Une autre possibilité, qui fait l'objet du chapitre suivant, consiste à utiliser la puissance d'un composant intégré à Vue, à savoir le slot.

Supprimer l'héritage d'attribut

Par défaut, Vue fait hériter chaque élément racine d'un composant de tous ses attributs. Admettons que nous ayons un composant qui ne fait qu'afficher un lien pour lequel nous n'avons comme propriété que la source `src` :

```
const inheritLink = {
  props: ["src"],
  template: `<a v-bind="$attrs" :href="src">{{ src }}</a>`
};
```

Dans le template du composant parent, nous inscrivons notre élément. Avec le code ci-dessous, nous observons que les attributs sont hérités via `$attr` :

```
<inheritLink
  src="https://props.com"
  href="https://props-heritage.com"
  target="_blank"
/>
```

Nous aurons pour rendu HTML :

```
<a href="https://props-heritage.com" target="_blank">
https://props.com
</a>
```

Or ce n'est pas ce que nous souhaitons pour la cible car la propriété `src` dans l'attribut `href` devrait être https://props.com. Cela est dû à un attribut nommé `inheritAttrs` qui est caché par défaut et contient la valeur `true`. Afin de désactiver l'héritage, il nous suffit de le forcer à `false` comme ceci :

```
const notInheritLink = {
  inheritAttrs: false,
  props: ["src"],
  template: `<a v-bind="$attrs" :href="src">{{ src }}</a>`
};
```

Nous aurons donc le résultat attendu :

```
<a href="https://props.com" target="_blank">
https://props.com
</a>
```

Note

Lorsque l'on affecte l'option `inheritAttrs`, les liaisons `style` et `class` ne sont pas affectées.

8

Les slots, un emplacement réservé pour injecter du contenu

Définition

Un slot est un élément nommé ou anonyme de type template. Il sert d'emplacement pour du contenu dans un template de composant, comme une zone vide qui demande à être chargée. Lorsqu'un composant parent passe du contenu à un enfant par l'intermédiaire d'un slot, ce dernier est totalement remplacé dans le rendu final par le contenu même lors du cycle de rendu du composant. Ce contenu peut être n'importe quel code HTML.

Reprenons l'exemple du schéma de la figure 3-4 du chapitre 3, page 25, nous pourrions avoir un composant qui serait notre page, laquelle contiendrait trois slots :

- l'en-tête (header) ;
- le menu ;
- le contenu.

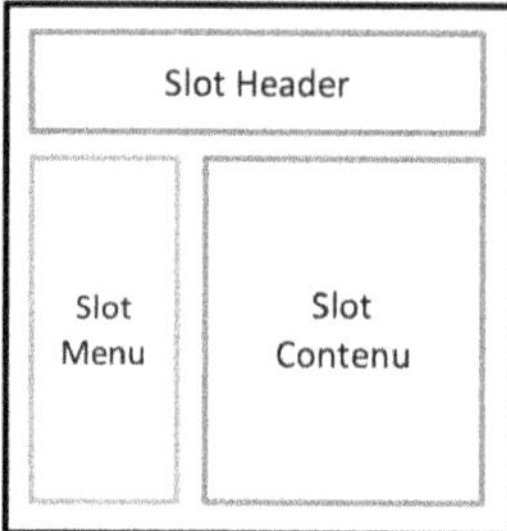

Figure 8-1 – Utilisation des slots

Utilisation standard d'un slot

La déclaration d'un slot anonyme (standard) se fait de la manière suivante :

```
<slot></slot>
//ou
<slot/>
```

Supposons que nous ayons un composant nommé `container` avec un slot ayant pour valeur par défaut le texte « UN SLOT » :

```
<template>
  <div><slot>UN SLOT</slot></div>
</template>

<script>
export default {
  name: "container"
};
</script>
```

Lorsque nous utilisons ce composant dans le composant parent, nous avons tout simplement un rendu du texte du composant. Voici le code d'import et d'utilisation de notre composant :

```
<template>
  <ctn></ctn>
  // Ou <ctn/>
</template>

<script>
export default {
  components: {
    ctn: () => import("./controls/Container")
  },
};
</script>
```

Et le rendu du parent :

```
UN SLOT
```

Important

Comme l'élément slot peut avoir plusieurs nœuds, il n'est pas possible dans le template de n'avoir que les éléments `template` et `slot`, car le template n'est qu'une zone qui ne correspond à aucun élément HTML. Il est impératif d'avoir un élément de contenu comme un élément `div`.

Le composant n'a donc pour l'instant aucun intérêt. Cependant, si dans le parent nous affectons n'importe quel contenu – texte ou HTML – à notre composant, le contenu du slot de `ctn` sera totalement écrasé et remplacé par ce que le parent aura passé.

Ainsi, si nous mettons le texte « Contenu de mon SLOT » sur l'élément `ctn`, comme ceci :

```
<template>
  <ctn>Contenu de mon SLOT</ctn>
</template>

<script>
export default {
  components: {
    ctn: () => import("./controls/Container")
  },
};
</script>
```

Le rendu final sera :

```
Contenu de mon SLOT
```

Cela nous confirme que le slot peut avoir un rendu initial et dès que du contenu lui est passé, il est complètement remplacé.

Si nous regardons le code HTML généré, nous avons bien l'élément slot qui est remplacé par notre contenu. La propriété `data-v-7008ea56` ne nous intéresse pas, elle a été générée par Vue pour sa gestion interne.

```
<div data-v-7008ea56="">Contenu de mon SLOT</div>
```

Absence de slot

Si nous supprimons l'élément slot dans notre composant `container`, mais que nous laissons dans le composant parent, le texte « Contenu de mon SLOT », rien ne sera affiché car Vue ne détecte pas de slot. En somme, le texte sera de la donnée « morte ».

Affectation

Par ailleurs, un slot est un élément qui n'est sensible qu'aux directives de type rendu conditionnel. Lui affecter une classe ou un style CSS n'aurait aucun effet.

À présent, admettons que nous souhaitons ajouter dans le template de notre composant deux slots comme ceci :

```
<template>
  <div>
    <div class="header"><slot></slot></div>
    <div class="content"><slot></slot></div>
  </div>
</template>

<script>
export default {
  data() {return {}}
};
</script>

<style scoped>
.header{
  color: white;
  background: grey;
  padding: 5px 10px;
}
.content{
  background: white;
  padding: 10px;
}
</style>
```

La problématique est que dans notre composant parent, nous ne pouvons distinguer le premier slot du second. Ainsi, le texte sera tout simplement dupliqué lors du rendu.

Utilisation des slots de container

```
<template>
  <ctn>Contenu de mon SLOT</ctn>
</template>
```

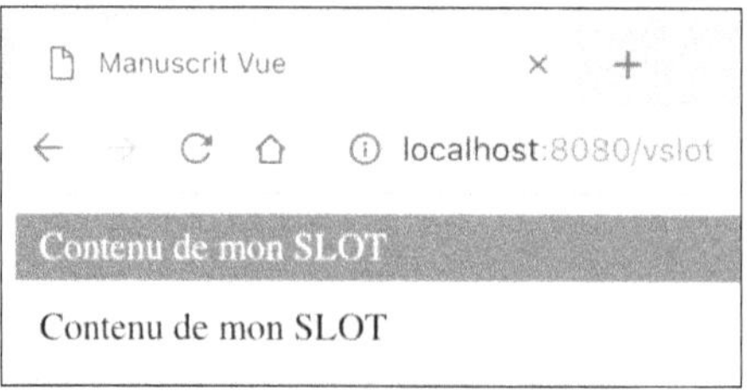

Figure 8-2 – Multiples slots anonymes

Utilisation de slots nommés

Comme nous l'avons vu lors de l'utilisation de multiples slots, il nous est impossible de faire la distinction entre les deux slots et donc entre les deux positions dans notre composant `container`. C'est là qu'intervient la possibilité de nommer les slots !

Pour ce faire, il suffit d'ajouter la propriété `name` et de lui affecter une chaîne de caractères qui sera l'identifiant. Il va de soi qu'il doit être unique, sinon nous nous retrouvons dans le cas de slots multiples anonymes.

Reprenons notre composant `container` pour modifier son template avec :

- le premier slot que nous nommerons `header` pour l'en-tête d'une page, par exemple ;
- le second slot que nous nommerons `content` pour le contenu. Le nouveau code est présenté ici :

```
<template>
  <div>
    <div class="header"><slot name="header"></slot></div>
    <slot/>
    <div class="content"><slot name="content"></slot></div>
  </div>
</template>

<script>
export default {
  data() {
    return {};
  }
};
</script>

<style scoped>
.header {
  color: white;
  background: grey;
  padding: 5px 10px;
}
.content {
  background: white;
  padding: 10px;
}
</style>
```

Ensuite, dans le composant parent, il suffit de définir le nom du slot sur lequel nous souhaitons mettre du contenu spécifique grâce à la directive `v-slot` :

```
<template>
  <div>
    <ctnn>
      <template v-slot:header>
        Titre
      </template>
```

```
      <template v-slot:content>
        Contenu de mon SLOT
      </template>
      <p>Paragraphe dans le slot par défaut</p>
    </ctnn>
  </div>
</template>

<script>
export default {
  components: {
    ctnn: () => import("./controls/ContainerNamed"),
  },
  data() {
    return {};
  },
};
</script>
```

Notons que l'ordre de l'utilisation des slots n'a pas d'importance, Vue va automatiquement retrouver le slot nommé pour lui affecter le contenu. Si le slot n'est pas trouvé, ce sera de la donnée « morte ».

La figure 8-3 présente le rendu de notre nouveau composant :

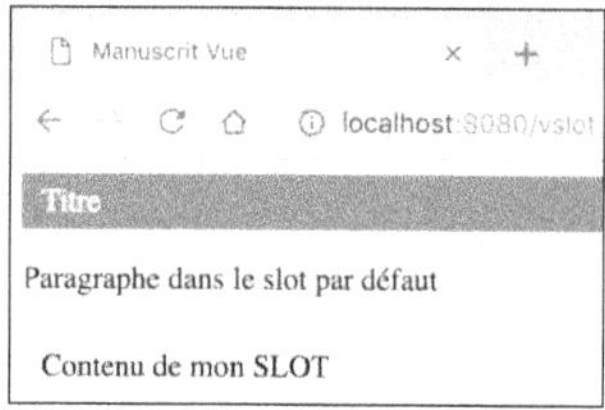

Figure 8-3 – Multiples slots nommés

Notons également qu'un slot sans nom vaut implicitement `default`. Simplement, les deux déclarations ci-dessous sont équivalentes :

```
<slot/>
// équivalent
<slot name="default"/>
```

Pour finir sur la déclaration d'un slot, une écriture abrégée consiste à mettre un dièse directement suivi du nom comme suit :

```
// déclaration
<slot name="mon_slot"/>

// utilisation
<template #mon_slot>
  Contenu du slot
</template>
```

Slot avec portée

Admettons à présent que nous soyons en cas inverse, c'est-à-dire que les données sont côté composant enfant et que nous souhaitons modifier l'affichage via le parent. Interviendra donc à cet instant le slot avec portée.

Voici le code très classique pour le composant enfant avec une `data` `user` et dans le template un `slot` nommé « porte » sur lequel nous affectons une directive `v-bind` (abrégée par deux points) afin de lier le `slot` à la `data`.

```
<template>
  <div>
    // sans contenu par defaut
    <slot name="porte" :user="user"/>
    // ou avec le prénom par défaut
    // <slot name="porte" :user="user">{{user.age}}</slot>
  </div>
</template>

<script>
export default {
  data() {
    return {
      user: { id: 1, prenom: "Julien", nom : "DUPONT", age: "32" }
    };
  }
};
</script>
```

Ensuite dans notre code côté parent, nous sommes libre d'utiliser la propriété désirée de l'objet `user` en spécifiant le nom de liaison `user` et en écrivant le contenu que devra contenir le slot, ici le nom :

```
<template v-slot:default="{user}">{{user.nom}}</template>
```

Ainsi, le contenu du slot `porte` sera remplacé par le nom. Le composant enfant est donc une sorte de pattern et c'est le parent qui dirige son contenu.

Note

Nous pourrions bien entendu laisser le slot sans nom mais dans ce cas, au niveau du parent, nous serions dans l'obligation d'utiliser le mot `default` ou bien de supprimer complètement la liaison comme suit :

```
<template v-slot:default="{user}">{{user.nom}}</template>
// ou
<template v-slot="{user}">{{user.nom}}</template>
```

Slot avec passage de propriété

Pour finir avec les données, lorsqu'un composant parent injecte des données à son composant enfant via une propriété, le composant enfant gère l'affichage de ces données. Cependant, par l'intermédiaire des slots, il est possible de modifier le contenu de l'un d'eux en changeant son comportement.

Admettons que nous ayons un composant nommé `UserList` qui boucle sur une liste d'utilisateurs (tableau d'objets `user`) que le composant parent aura passé en propriété `users`. Le code de notre composant enfant est le suivant :

```
<template>
  <ul>
    <li v-for="user in users" :key="user.id">
      <slot name="user" :user="user">
        {{user.nom}} {{user.prenom}}
      </slot>
    </li>
  </ul>
</template>

<script>
export default {
  props: {
    users: {
      type: Array,
      default: () => []
    }
  }
};
</script>
```

Nous avons donc une boucle sur un élément `li` qui parcourt chaque utilisateur `user` de la propriété `users`. Dans ces éléments, un `slot` nommé `user` est lié via la directive `v-bind` sur la variable `user` de la boucle, puis nous affectons une valeur par défaut au slot : le nom et prénom de l'utilisateur.

Il n'y a rien de réellement nouveau à ce stade. Supposons que le composant précédent n'est pas de nous et que nous n'avons pas le code. Notre objectif est désormais de pouvoir mettre en exergue la majorité de nos utilisateurs en affectant la couleur bleue aux majeurs et rouge aux mineurs directement dans notre composant parent.

Notre composant parent est écrit comme suit :

```
<template>
  <div>
    <ulist :users="personnes">
      <template #user="{user}">
        <span :class="user.age > 17 ? 'majeur': 'mineur'">
          {{user.nom}} {{user.prenom}}
        </span>
      </template>
```

```
    </ulist>
  </div>
</template>

<script>
export default {
  components: {
    ulist: () => import("./controls/UserList")
  },
  data() {
    return {
      personnes: [
        { id: 1, prenom: "Julien", nom: "GALAC", age: "32" },
        { id: 2, prenom: "Maxime", nom: "DEBERG", age: "45" },
        { id: 3, prenom: "Fabien", nom: "LOISEAU", age: "15" }
      ],
    };
  },
};
</script>

<style>
.majeur { color: blue; }
.mineur { color: red; }
</style>
```

Nous affectons les données de la variable `personnes` au composant enfant `UserList` sur la propriété `users`. Ensuite nous nous positionnons dans le `slot` nommé `user` et utilisons la portée sur la propriété `user`.

Pour finir nous ajoutons simplement un élément de type `span` avec notre condition qui fait basculer sur la bonne classe de style CSS.

Des slots dynamiques

La dernière possibilité avec les slots est de pouvoir les gérer, les afficher de manière dynamique. Admettons notre composant enfant avec deux slots, `a` et `b`, avec respectivement un texte en bleu et rouge.

```
<template>
  <div>
    <span style="color:red"><slot name="a"></slot></span>
    <span style="color:blue"><slot name="b"></slot></span>
  </div>
</template>
```

Maintenant dans notre composant parent, nous définissons une variable `curSlot` qui aura la valeur par défaut `a`, soit le slot `a`. Ensuite un bouton qui permet de commuter entre les deux valeurs et donc entre les deux slots. Pour finir nous affichons dans le contenu du slot celui qui est en cours d'affichage. Voici le code du composant parent :

```
<template>
  <div>
    <ce>
      <template v-slot:[curSlot]>Slot {{curSlot}}</template>
    </ce>
    <button @click="curSlot = curSlot==='a' ? 'b' : 'a'">
      Switcher de slot
    </button>
  </div>
</template>

<script>
export default {
  components: {
    ce: () => import("./controls/ComposantEnfant")
  },
  data() {
    return {
      curSlot: "a"
    };
  }
};
</script>
```

Nous constatons qu'il suffit de mettre le nom du slot désiré entre crochets dans la liaison avec la directive comme suit : `v-slot:[nom_du_slot]`.

L'intérêt du slot avec portée est donc de pouvoir maîtriser, par l'intermédiaire du composant parent, le contenu qu'aura le slot du composant enfant. Nous pouvons obtenir une personnalisation élevée des composants avec peu de code et de la réutilisabilité.

Comment et pourquoi tester l'existence d'un slot ?

Admettons que nous ayons un composant qui intègre de un à plusieurs éléments de type slot, nommés ou pas. Il peut nous être utile, en fonction des règles définies au sein de notre composant, de savoir si un slot spécifique est chargé ou non. Pour ce faire, plusieurs solutions s'offrent à nous :

- l'utilisation de l'option `method` qui a pour avantage de réduire le code et de pouvoir passer le nom de notre slot en paramètre ;
- l'utilisation de l'option `computed` qui stocke en cache l'information et facilite la lecture du code.

Supposons un composant nommé `containerSlot` avec trois slots tels que : `header` pour la tête du composant, `anonyme` pour le corps et `footer` pour le pied.

Le template affiche le contenu des slots mais également la présence de ceux-ci via l'utilisation de l'option `method` nommée `hasSlot` et de plusieurs options `computed` nommées `hasSlotHeader`, `hasSlotContent` et `hasSlotFooter`.

```
<template>
  <div>
    <div class="header"><slot name="header"></slot></div>
    <div class="content"><slot></slot></div>
    <div class="footer"><slot name="footer"></slot></div>
    <div class="result">
      <ul>
        <li>Method header : {{ hasSlot("header") }}</li>
        <li>Method content : {{ hasSlot() }}</li>
        <li>Method footer : {{ hasSlot("footer") }}</li>
      </ul>
      <ul>
        <li>Computed header : {{ hasSlotHeader }}</li>
        <li>Computed content : {{ hasSlotContent }}</li>
        <li>Computed footer : {{ hasSlotFooter }}</li>
      </ul>
    </div>
  </div>
</template>
```

L'option `method` prend en paramètre le nom du slot désiré avec `null` par défaut, ce qui signifie que l'on récupère le slot par défaut, c'est-à-dire le slot anonyme.

Les options `computed` retournent la présence ou non de contenu pour chacun des slots.

L'utilisation de la double négation (`!!`) permet de retourner un booléen, soit l'inverse de la négation de la valeur. Sans cela, Vue retourne l'objet de l'instance du slot. Par exemple, pour le `header` :

```
[
   {
      "text":"\n Titre\n ",
      "raw":false,
      "isStatic":false,
      "isRootInsert":true,
      "isComment":false,
      "isCloned":false,
      "isOnce":false,
      "isAsyncPlaceholder":false
   }

]
```

Voici maintenant le script du composant `containerSlot` :

```
<script>
export default {
  name: "containerSlot",

  methods: {
    hasSlot(name) {
      return name === undefined
```

```
        ? !!this.$slots.default
        : !!this.$slots[name];
    }
  },

  computed: {
    hasSlotHeader() {
      return !!this.$slots["header"];
    },

    hasSlotContent() {
      return !!this.$slots.default;
    },

    hasSlotFooter() {
      return !!this.$slots["footer"];
    }
  }
};
</script>
```

Le style ne sert qu'à mettre en forme notre composant :

```
<style scoped>
.header,
.footer,
.result {
  color: white;
  background: grey;
  padding: 5px 10px;
}
.content {
  background: white;
  padding: 10px;
}
.footer {
  font-size: 80%;
}
.result {
  margin-top: 10px;
}
</style>
```

Pour finir, testons notre composant dans notre composant parent grâce au code suivant :

```
<template>
  <div>
    <ctns>
      <template #header>Titre</template>
      <p>un peu de contenu</p>
      <span>dans le content</span>
```

```
      <template #footer>pied</template>
    </ctns>
  </div>
</template>

<script>
export default {
  name: "vslot",
  components: {
    ctns: () => import("./controls/ContainerSlot")
  },
};
</script>
```

Il suffit de changer le contenu de chaque slot pour pouvoir distribuer du contenu dans le composant `containerSlot`. On observe donc que le slot `header` contient le texte « Titre », que le slot anonyme contient le paragraphe (balise `p`) et le `span`, et que le slot `footer` contient le texte « pied ».

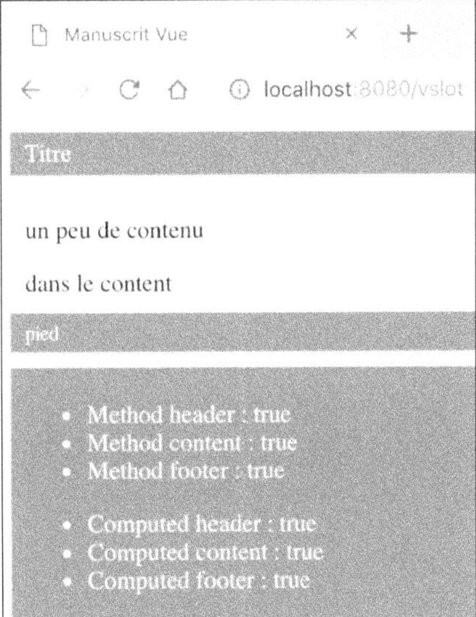

Figure 8-4 – Test des slots

9

Le composant keep-alive pour garder l'état courant

Vue propose un autre composant intégré nommé `keep-alive`, *ce qui signifie « maintenir en vie ». Il est à utiliser pour les composants dynamiques (et éventuellement asynchrones) avec l'attribut* `:is` *ou la directive* `v-if`, *dans l'unique objectif de garder en cache le dernier état connu du composant sans en détruire son instance.*

Utilisation du système de cache

Le composant `keep-alive` propose trois propriétés optionnelles :

- `include` (chaîne de caractères ou expression régulière) : seuls les composants décrits seront maintenus en cache ;
- `exclude` (chaîne de caractères ou expression régulière) : les composants décrits seront exclus du cache ;
- `max` (entier) : nombre maximal d'instances du composant à mettre en cache. Lorsque le nombre est atteint, seule la dernière instance connue est préservée.

Reprenons l'exemple des composants dynamiques (chapitre 7) sur les composants avec uniquement le composant `about` à mettre en cache, avec un maximum de deux instances :

```
<template>
  <div>
  <keep-alive
    include="about"
    :max="2">
```

```
    <component v-bind:is="boutonCourant"></component>
  </keep-alive>
  </div>
</template>

<script>
// Création de trois composants locaux
import Vue from "vue";
Vue.component('home', {
  template: '<div style="color:red">Page d\'accueil</div>'
})
Vue.component('posts', {
  template: `<div style="color:blue">
    Page de publications
    <button @click="val=Math.random()*100">{{val ? val : 'Aléatoire'}}</button>
  </div>`,
  data() {
    return {
      val: null
    }
  }
})
Vue.component('about', {
  template: `<div style="color:green">
    Page À propos
    <button @click="val=Math.random()*100">{{val ? val : 'Aléatoire'}}</button>
  </div>`,
  data() {
    return {
      val: null
    }
  }
})

export default {
  data() {
    return {
      boutons: [
        { id: 'home', label: 'Accueil' },
        { id: 'posts', label: 'Publications' },
        { id: 'about', label: 'À Propos' }
      ],
      boutonCourant: null,
    };
  },
};
</script>
```

Les composants `posts` et `about` ont un bouton qui permet de générer aléatoirement un code et de l'afficher dans le bouton. Cliquons sur le bouton du composant `about` et allons ensuite sur le composant `posts` et faisons de même. Lorsque nous retournons sur le composant `about`, la valeur du bouton est toujours le nombre généré car l'instance a été mise en cache. Mais lorsque nous retournons sur le composant `posts`, la valeur a disparu.

10

Apporter de la dynamique visuelle avec les transitions

Le système de réactivité de Vue simplifie la réalisation d'interpolations basées sur l'état d'un composant. En effet, il intègre un système de transitions très simple qui est capable de connaître chaque liaison affectée par cette animation. Ainsi, seuls les éléments nécessaires de l'arbre du DOM virtuel sont touchés, ce qui assure une performance accrue.

Qu'est-ce que le composant transition ?

Le composant `transition` fait partie des composants intégrés par défaut de Vue.js. Il peut posséder :

- un nom, qui sera le préfixe des états dans le style CSS/SASS ;
- une ou plusieurs classes d'états ;
- des liaisons sur les événements ;
- une propriété de durée d'exécution.

Commençons par analyser le schéma des classes de transitions. Nous avons deux blocs – entrant (`enter`) et sortant (`leave`) – dans lesquels nous retrouvons trois classes d'états : `v-enter-active`, `v-enter`, `v-enter-to`, `v-leave-active`, `v-leave` et `v-leave-to`.

De plus, il existe une classe particulière complémentaire qui correspond à l'état de rendu initial de l'élément/composant. Elle s'utilise avec l'attribut `appear`. Comme les autres classes d'états, elle possède des états et événements (voir le schéma de la figure 10-1).

Pour le rendu initial, `appear` est un état indépendant.

Pour le bloc entrant, `v-enter` et `v-enter-to` sont intégrés dans `v-enter-active`.

Pour le bloc sortant, `v-leave` et `v-leave-to` sont intégrés dans `v-leave-active`.

Le style CSS `Opacity` est utilisé ici pour illustrer par l'exemple le principe de transition.

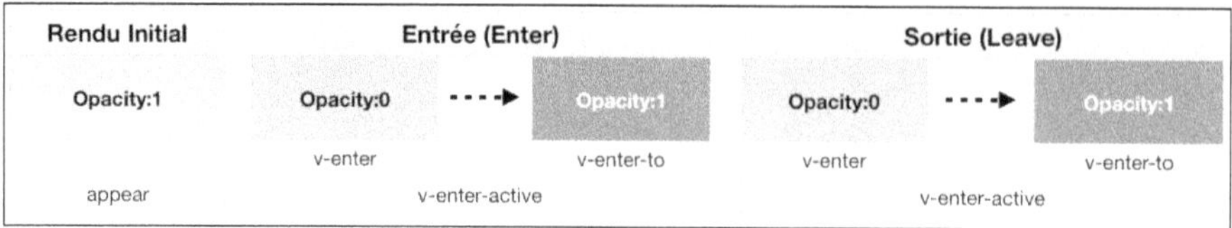

Figure 10-1 – États de transitions de Vue

Ces transitions entrantes et sortantes sont utilisées dans les contextes suivants :

- le rendu conditionnel : directive `v-if` ;
- l'affichage conditionnel : directive `v-show` ;
- les composants dynamiques : directive `v-bind` sur l'attribut de composant `:is` ;
- les nœuds racines des composants.

En somme, si un élément/composant est chargé, déchargé ou modifié dans le DOM, les transitions relatives seront déclenchées.

Notons qu'il existe deux types de composants à savoir `<transition>` et `<transition-group>` :

- Pour `<transition>`, le rendu est effectué sur un unique composant/élément. Il a besoin d'une propriété `name` a minima. Dans l'exemple suivant, nous utilisons le nom `fade` (pour « fondu ») sur le `span`. Sa syntaxe est la suivante :

```
<transition name="fade">
  <span>un élement</span>
</transition>
```

- Pour `<transition-group>`, le rendu est effectué sur un groupe de composants/éléments, et plus particulièrement sur une boucle, car chaque élément doit avoir une clé. Comme la transition, il a besoin a minima d'un `name` et d'un `tag` permettant de connaître le type à prendre en charge (`span` dans notre exemple). Sa syntaxe est la suivante :

```
<transition-group name="fade" tag="span">
  <span v-for="i in 10" :key="i">{{i}}</span>
</transition-group>
```

Notons que l'attribut `name` correspond au nom de la classe CSS qui sera affecté à notre élément/composant dans ladite transition. Voici le style associé :

```
.fade-enter-active, .fade-leave-active {
  transition: opacity .5s; // ou 500ms
}
.fade-enter, .fade-leave-to {
  opacity: 0;
}
```

Comme indiqué précédemment, le composant `transition` peut avoir une durée d'exécution explicite. En effet, si nous avons des éléments imbriqués avec au moins une transition qui se déclenche après la transition racine, Vue retournera un événement de fin de transition lorsque le délai aura atteint la durée de l'attribut `duration`, au lieu d'émettre l'événement à la fin de la transition racine.

Par défaut, la durée est identique pour les blocs entrants et sortants si elle n'est pas spécifiée. Néanmoins, il est possible d'affecter une durée différente si besoin, comme suit :

```
<!-- Durée identique pour l'entrée et pour la sortie -->
<transition :duration="500">...</transition>

<!-- Durée spécifique pour l'entrée et pour la sortie -->
<transition :duration="{ enter: 500, leave: 800 }">...</transition>
```

Mémento des classes et des événements pour les transitions

Le tableau 10-1 présente les classes et les événements du composant `transition`.

Tableau 10-1. Mémento des classes et des événements du composant transition

Classes	Événements

`enter-class`
`enter-active-class`
`enter-to-class`
`leave-class`
`leave-active-class`
`leave-to-class`
 	
`appear`
`appear-class`
`appear-to-class`
`appear-active-class`
	`v-on:before-enter="beforeEnter"`
	`v-on:enter="enter"`
	`v-on:after-enter="afterEnter"`
	`v-on:enter-cancelled="enterCancelled"`
	
	`v-on:before-leave="beforeLeave"`
	`v-on:leave="leave"`
	`v-on:after-leave="afterLeave"`
	`v-on:leave-cancelled="leaveCancelled"`
	
	`v-on:before-appear="customBeforeAppearHook"`
	`v-on:appear="customAppearHook"`
	`v-on:after-appear="customAfterAppearHook"`
	`v-on:appear-cancelled="customAppearCancelledHook"`

Remarque : `class` est à remplacer par le nom de notre classe.	Remarque : `v-on` peut bien entendu être remplacé par la clé de raccourci @.

Exemple de transition

Voici un exemple de transition simple utilisant toutes les propriétés (hormis l'attribut `duration`). Pour cela, supposons que nous créons un composant mono-fichier nommé `Transition` qui ne fait qu'afficher et masquer un élément `p` via un bouton. Son code est le suivant :

```
<template>
  <div>
    <button @click="show = !show">{{buttonText}}</button>
    <transition
      name="fade"
      @enter="transitionEnter"
    >
      <p v-if="show">Paragraphe</p>
    </transition>
  </div>
</template>

<script>
export default {
  data() {
    return {
      show: true,
    };
  },
  methods: {
    transitionEnter(el, done) {
      console.log(el) // <p class="fade-enter-to">Paragraphe</p>
      done();
    },
  },
  computed: {
    buttonText() {
      return this.show ? 'Masquer' : 'Afficher';
    }
  }
}
</script>

<style lang="scss" scoped>
.fade-enter-active,
.fade-leave-active {
  transition: opacity 0.5s;
}
.fade-enter,
.fade-leave-to {
  opacity: 0;
}
.fade-leave-to {
  color: blue;
}
</style>
```

Et voici l'appel dans le composant parent :

```
<template>
  <ts />
</template>

<script>
export default {
  components: {
    ts: () => import("./controls/Transitionn"),
  }
};
</script>
```

Observons le processus étape par étape sur la figure 10-2 :

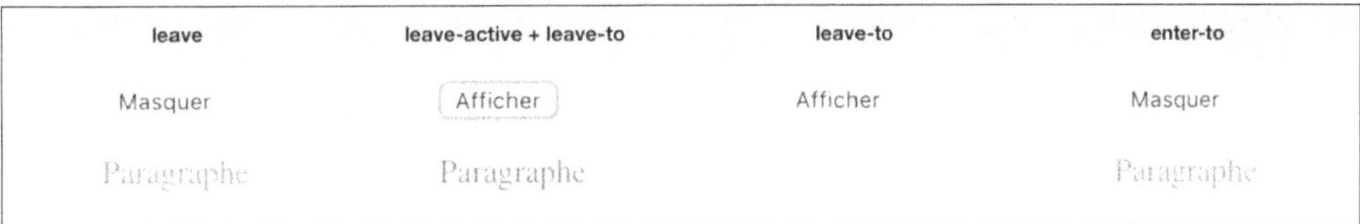

Figure 10-2 – Exécution de la transition

Nous observons que le composant `transition` permet de faire la liaison entre le style CSS/SASS et les éléments/composants du DOM, et également d'envoyer des événements lors du changement d'état.

Important

Gardons en mémoire que Vue ne transforme en aucun cas le code du style en code optimisé. Cela signifie que c'est à nous d'utiliser au maximum, lorsque cela est possible, le GPU.

En voici un exemple trivial :

Code incorrect

```
@keyframes slide {
  100% {
    margin-left: 0;
  }
}
```

Code correct

```
@keyframes slide {
  100% {
    transform: translate3d(0, 0, 0);
  }
}
```

Des transitions réutilisables et génériques

À ce stade, nous sommes capables de gérer des animations sur notre page dans nos composants. Cependant, il n'y a aucune réutilisabilité. En effet, si nous utilisons des styles scopés, chaque composant aura en son sein ses animations propres. Nous pouvons naïvement choisir de placer le style dans un fichier centralisé, mais une autre problématique survient alors : la maintenabilité. Et si nous voulons utiliser cela dans d'autres projets ?

Utilisons donc la puissance des composants et des slots !

Nous allons créer un composant mono-fichier *(Single File Component)* nommé `Transitionner` :

1. Nous créons un template ayant pour contenu unique un composant générique. Il doit permettre de passer les propriétés de tag – pour le cas d'un groupe –, de classe et d'affecter les différents hooks/événements et attributs.
2. Vient ensuite l'écriture des options `props` :
   - `Duration` (entier en millisecondes) : durée de la transition ;
   - `Name` (chaîne de caractères) : nom de la classe d'état ;
   - `Group` (booléen) : est-ce une transition de groupe ?
   - `Tag` (chaîne de caractères) : nom du type des éléments/composants à prendre en charge si nous sommes dans une configuration de groupe.
3. Nous écrivons ensuite les options `methods` :
   - `setDuration` (`el` est l'élément courant) : affecte la durée de l'animation à l'élément courant lors des événements entrant et sortant ;
   - `removeDuration` (`el` est l'élément courant) : supprime la durée de l'animation sur l'élément courant ;
   - `setAbsolutePosition` (`el` est l'élément courant) : affecte un style de position absolue sur l'élément lorsque nous sommes dans une configuration de groupe ;
   - `getClass (name)` : retourne le nom de la classe suffixé par l'état (`enter`, `leave` ou `move`).
4. Nous écrivons les options `computed` :
   - `type` : nous retournons le type que prendra notre composant générique via le mot-clé `is`, à savoir soit un élément de type `transition`, soit `transition-group` si nous sommes en configuration de groupe ;
   - `hooks` : retourne les hooks/événements de transition ainsi que les événements classiques.
5. Nous écrivons enfin le style avec deux animations simples : fondu (`fadeIn/fadeOut`) et clignotement (`blindIn/blindOut`).

Voici le code de notre template (étape 1) :

```
<template>
  <component :is="type"
             :tag="tag"
             :enter-active-class="getClass('enter')"
             :leave-active-class="getClass('leave')"
             :move-class="getClass('move')"
             v-bind="$attrs"
             v-on="hooks">
    <slot></slot>
  </component>
</template>
```

Le début du script avec les options `props` (étape 2) :

```
<script>

export default {
  name: 'Transitionner',
  data() {
    return {};
  },
  props: {
    // Durée de l'animation globale
    duration: {
      type: Number,
      default: 300,
      validator: val => val > 0
    },
    // Nom de l'animation
    name: {
      type: String,
      default: 'fade',
    },
    // Transition de groupe ou unitaire
    group: {
      type: Boolean,
      default: false
    },
    // Tag du type de l'élément DOM si c'est un "group"
    tag: {
      type: String,
      default: null
    }
  },
```

Le code des options `methods` (étape 3) :

```
  methods: {
    // Affecte la durée de transition
    setDuration(el) {
      el.style.animationDuration = `${this.duration}ms`;
    },
    // Supprime la durée de transition
    removeDuration(el) {
      el.style.animationDuration = '';
    },
    // Affecte un style absolute à l'élément pour fluidifier l'animation
    setAbsolutePosition(el) {
      if (this.group) el.style.position = "absolute";
    },
    // Récupère la classe avec l'état courant
    getClass(name) {
      return `${this.name}-${name}`;
    }
  },
```

Le code des options `computed` et la fin du script (étape 4) :

```
  computed: {
    // Commute entre un composant transition et transition-group
    type() {
      return this.group ? "transition-group" : "transition";
    },
    // Retourne les événements js
    hooks() {
      return {
        beforeEnter: this.setDuration,
        afterEnter: this.removeDuration,
        beforeLeave: this.setDuration,
        afterLeave: this.removeDuration,
        leave: this.setAbsolutePosition,
        ...this.$listeners
      };
    }
  },
};
</script>
```

Et pour finir, notre style (étape 5) avec l'animation `fade` :

```
<style lang="scss" scoped>

@keyframes fadeIn {
  from {
    opacity: 0;
  }
```

```
  to {
    opacity: 1;
  }
}
.fade-enter {
  animation-name: fadeIn;
}
@keyframes fadeOut {
  from {
    opacity: 1;
  }
  to {
    opacity: 0;
  }
}
.fade-leave {
  animation-name: fadeOut;
}
.fade-move {
  transition: transform 0.3s ease-out;
}
```

Et l'animation `blind` :

```
@keyframes blindIn {
  from {
    color: #000;
    background-color: #fff;
  }
  to {
    color: #fff;
    background-color: #000;
  }
}
.blind-enter {
  animation-name: blindIn;
}
@keyframes blindOut {
  from {
    color: #fff;
    background-color: #000;
  }
  to {
    color: #000;
    background-color: #fff;
  }
}
.blind-leave {
  animation-name: blindOut;
}
```

```
.blind-move {
  transition: all 0.3s ease-out;
}

</style>
```

Note

Ces deux animations simples sont en syntaxe CSS 3 classique et notre style est scopé automatiquement.

Maintenant que le composant est terminé, nous pouvons ajouter autant de styles que nous le souhaitons. Il suffira de définir le nom lors de l'appel de notre composant pour pouvoir en jouir.

Écrivons notre composant parent en utilisant notre composant `Transitionner` dans les deux configurations possibles :

- un élément : une option `data` nommée `show` permet de permuter l'affichage ;
- un groupe d'éléments : une option `data` nommée `list` de type tableau d'entiers avec une méthode `remove` (le paramètre `index` est un entier qui correspond à l'index de chaque élément de la boucle) qui supprimera l'élément de notre tableau.

On peut remarquer que l'import de notre composant se fait en *lazyloading*, ce qui n'est pas obligatoire dans ce cas d'utilisation car il est forcément utilisé. Cependant, ne perdons pas de vue les bonnes pratiques et ne négligeons pas l'écriture optimale lorsque cela est possible.

```
<template>
  <div>
    <!-- UNIQUE -->
    <button @click="show = !show">toggle</button>
    <tran
      :duration=500
      name="blind"
    >
      <div v-show="show">ÉLÉMENT UNIQUE</div>
    </tran>

    <!-- GROUPE -->
    <tran
      :duration=500
      name="fade"
      :group=true
      tag='div'
    >
      <div
        class="box"
        v-for="(item, index) in list"
        @click="remove(index)"
        :key="item"
      >
```

```
        {{item}}
      </div>
    </tran>
  </div>
</template>

<script>
export default {
  components: {
    tran: () => import("./controls/Transitionner"),
  },
  data() {
    return {
      show: true,
      list: [0, 1, 2, 3, 4, 5, 6, 7, 8, 9],
    };
  },
  methods: {
    remove(index) {
      this.list.splice(index, 1);
    },
  },
};
</script>
```

Ce composant est une proposition d'intégration de transitions – qui n'est pas l'unique solution – dans un composant générique.

Notre composant présente de multiples intérêts, à savoir :

- la réutilisabilité à travers notre projet ou dans d'autres projets variés ;
- la centralisation des animations en son sein, ce qui évite la concaténation de multiples styles ou la réécriture de ces derniers ;
- un appel générique (attributs complémentaires) pour les transitions à éléments/composants uniques ou multiples.

11

La réutilisabilité avec les mixins

Dans Vue.js, un objet `mixin` *consiste en une sorte d'équivalence fonctionnelle d'un* `mixin` *que l'on retrouve en style SASS et/ou LESS. Nous pouvons également le percevoir comme une sorte de classe dédiée à la composition (sorte d'héritage multiple). Dans Vue, c'est un objet JavaScript avec des fonctions, des propriétés, des données, etc. que l'on souhaite centraliser et distribuer à nos composants afin d'être réutilisable.*

Qu'est-ce qu'un mixin ?

Admettons que nous ayons a minima deux composants différents, avec au moins deux méthodes identiques en termes de mécanique (peu importe le nom ou les variables). Cela peut arriver si, par exemple, deux développeurs ont chacun écrit un composant dans leur coin. Le premier problème qui surviendra alors sera la maintenabilité du code. Ainsi, pour la déclaration classique, Vue propose une option dans les composants afin d'intégrer un ou plusieurs mixins, comme nous l'avons vu précédemment dans la préconisation de snippet de composant (voir chapitre 7, section « Préconisation pour écrire rapidement un composant », page 100). Il suffit d'écrire notre mixin dans un fichier JavaScript (.js) d'un répertoire dédié, par exemple, puis de l'importer dans nos composants et de le déclarer dans notre fameuse option. Notons également qu'un mixin peut être global.

L'écriture la plus basique est la suivante :

```
const monMixin = {
  created: function () { }
}
```

```
// Ou dans un fichier dédié

export default {
  created() { }
};
```

Et pour l'utiliser dans un composant, nous importons le fichier contenant le mixin, puis nous ajoutons l'instance à notre objet `mixins` de type tableau :

```
<script>
import myMixin from "./mixins/myMixin.js";

export default {
  mixins: [myMixin],
};
</script>
```

Le schéma de la figure 11-1 illustre notre propos (mode local) :

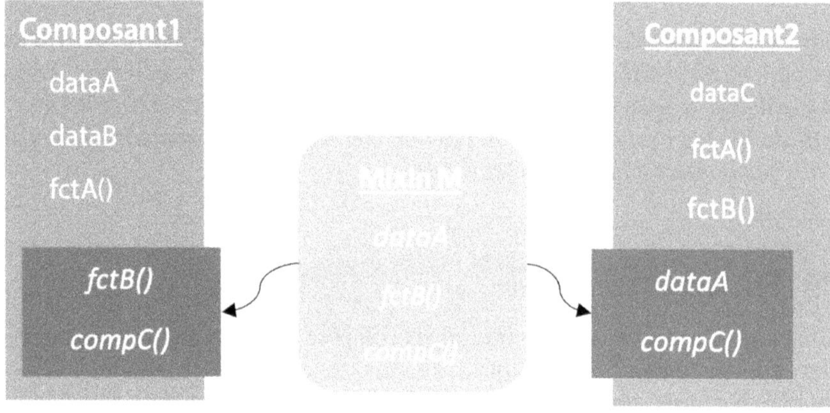

Figure 11-1 – Mixin - Schéma

Un mixin peut donc avoir exactement les mêmes options et fonctions de crochet du cycle de vie qu'un composant.

Attentions à porter lors de l'utilisation des mixins

Il est à noter deux points importants dans le cas d'un mixin importé en local :

- Toutes les options du mixin sont fusionnées avec celles du ou des composants. En cas de conflits, ce sont les options du composant qui sont prioritaires.
- Si les fonctions de crochet ont des noms identiques, ce sont celles du mixin qui sont prioritaires.

Prenons pour exemple deux composants utilisateurs (`User` et `UserMix`), très synthétiques et presque identiques afin de simplifier la compréhension. Commençons par le premier composant `User` qui affiche un message dans la console au chargement et affiche dans le template le nom, l'âge et le sexe via ses propriétés. Lors du clic sur l'élément `div` du template, la méthode `emitClick` est appelée, laquelle retourne un événement avec un format spécifique.

User.vue

```
<template>
  <div @click="emitClick">{{ name }}, {{ age }}ans [{{ sex }}]</div>
</template>

<script>
import myMix from "../mixNplug/myMix.js";

export default {
  name: "user",
  mixins: [myMix],
  props: {
    name: String,
    age: Number,
    sex: {
      type: String,
      default: "Masculin"
    }
  },
  methods: {
    emitClick() {
      this.$emit("select",
      `Utilisateur ${this.name}, ${this.age} ans`);
    }
  },
  mounted() {
    console.log(`Composant ${this.$options.name} chargé`);
  }
};
</script>
```

Le second composant, `UserMix`, fait exactement la même chose mis à part une différence au niveau de la méthode `emitClick` et de la propriété `sex` qui sont importées du mixin.

UserMix.vue

```
<template>
  <div @click="emitClick">{{ name }} à {{ age }}ans [{{ sex }}]</div>
</template>

<script>
import myMix from "../mixNplug/myMix.js";
```

```
export default {
  name: "userMix",
  mixins: [myMix],
  props: {
    name: String,
    age: Number
  },
  mounted() {
    console.log(`Composant ${this.$options.name} chargé`);
  }
};
</script>
```

Voici le code du fameux mixin :

myMix.js

```
export default {
  mounted() {
    console.log(`Mixin chargé`);
  },
  props: {
    sex: {
      type: String,
      default: "Masculin"
    }
  },
  methods: {
    emitClick() {
      this.$emit(
        "select",
        `L'utilisateur nommé ${this.name} à ${this.age} ans`
      );
    }
  }
};
```

Et pour finir, le composant parent qui utilise les deux composants :

```
<template>
  <div>
    <usr
      :name="personnes[0].nom"
      :age="Number(personnes[0].age)"
      @select="usrClick"
    />
    <usrm
      :name="personnes[1].nom"
      :age="Number(personnes[1].age)"
      @select="usrClick"
    />
```

```
  </div>
</template>

<script>
export default {
  name: "vslot",
  components: {
    usr: () => import("./controls/User"),
    usrm: () => import("./controls/UserMix")
  },
  data() {
    return {
      personnes: [
        { nom: "Julien", age: "32" },
        { nom: "Maxime", age: "45" }
      ]
    };
  },
  methods: {
    usrClick(e) {
      console.log(e)
    }
  }
};
</script>
```

Lorsque le composant parent est chargé, la console affiche ceci :

```
Mixin chargé
Composant user chargé
Mixin chargé
Composant userMix chargé
```

La figure 11-2 présente le rendu du navigateur, en passant la souris sur la seconde ligne :

Figure 11-2 – Utilisation d'un mixin

Ajoutons enfin que lorsque nous cliquons sur chacune des lignes (composant), la console affiche ceci :

```
Utilisateur Julien, 32 ans
L'utilisateur nommé Maxime a 45 ans
```

Pour un mixin global, il est impératif de garder en mémoire que cela est dangereux s'il n'est pas maîtrisé car :

- il est créé au-dessus de l'instance de Vue ;
- les options et fonctions du mixin sont distribuées sur tous les composants.

Voici comment écrire un mixin global (doit être inscrit dans l'instance principale) dans le fichier `main.js`, par exemple :

```
Vue.mixin({
  mounted() {
    console.log("Mixin global monté !");
  }
});
```

12

Ajouter des fonctionnalités avec les plug-ins

Nous avons vu précédemment que l'on pouvait créer des mixins pour obtenir une sorte d'héritage multiple, que ce soit pour une portée locale ou globale afin de réutiliser un code commun entre de multiples composants. Un plug-in, quant à lui, est uniquement à portée globale, à instance unique au niveau de l'instance principale de Vue et permet d'améliorer, d'agrémenter un composant existant en lui injectant de nouvelles méthodes. De plus, le plug-in ne fusionne en aucun cas ses méthodes, options, propriétés, etc. avec celles des composants qui l'utilisent.

Le schéma de la figure 12-1 illustre notre propos :

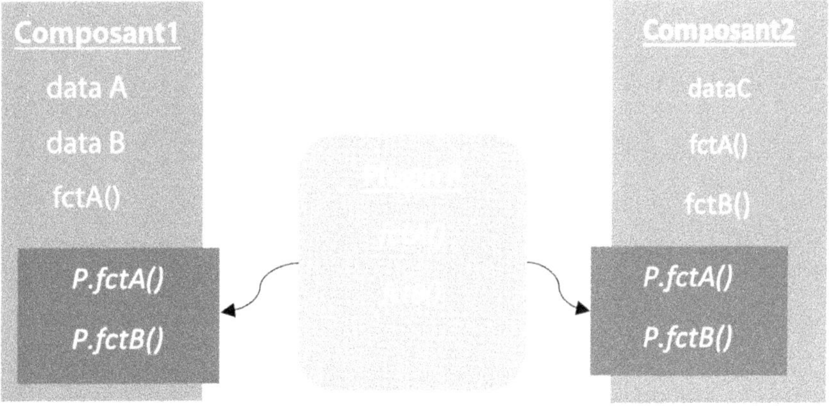

Figure 12-1 – Plug-in - Schéma

Comment créer un plug-in ?

Avant toute chose, un plug-in est appelé par l'instance de Vue par son unique méthode, à savoir `install`. Dans cette méthode, nous pouvons écrire des méthodes, des directives, des mixins globaux, mais également des méthodes d'instance, des composants, etc. L'écriture de base est présentée ci-après, où `Vue` est l'instance de Vue et `options` les paramètres optionnels pour nos divers éléments :

```
import usr from "../controls/User";
import m from "moment";

const myPlugin = {
  install(Vue, options) {
    // Méthode globale
    Vue.maMethodeGlobale = options => {
      console.log("Plugin-Methode globale");
    };

    // Directive globale
    Vue.directive("ma-directive", {
      bind(el, binding, vnode, oldVnode) {
        // Code...
      }
      //...
    });

    // Mixin
    Vue.mixin({
      created() {
        console.log("Plugin-Mixin");
      }
      // ...
    });

    // Méthode d'instance
    Vue.prototype.$maMethode = options => {
      // Code...
      console.log("Plugin-Méthode d'instance");
    };

    // Composant
    Vue.component("usr", usr);

    // Ressource externe
    Vue.prototype.$m = m;
  }
};

export default myPlugin;
```

Note

Pour les méthodes d'instance, il faut préfixer les noms de ces dernières par un dollar (par exemple, `$maMethode`).

Plug-in d'intégration

Afin de pouvoir intégrer rapidement des bibliothèques en guise de plug-ins, il est possible de les écrire plus rapidement avec le code suivant. Il convient bien entendu d'avoir intégré en amont la bibliothèque via NPM, par exemple.

```
import _ from "lodash";
import m from "moment";
//...

export default {
  install(Vue, options) {
    Vue.prototype.$_ = _;
    Vue.prototype.$m = m;
    //...
  }
};
```

Installation automatique

Admettons que nous voulons utiliser un plug-in qui provient d'une ressource externe à notre projet. Pour cela, nous pouvons le référencer dans notre instance et ajouter du code. Cependant, il est possible de rendre l'installation de ce plug-in automatique, surtout s'il est inclus après la balise de script Vue (l'instance) et ce, sans appeler `Vue.use()`. Si nous voulons publier un plug-in avec cette installation automatique, il suffit d'ajouter à la fin de notre plug-in le code suivant :

```
if (typeof window !== 'undefined' && window.Vue) {
  window.Vue.use(MyPlugin)
}
```

Note

L'instance de Vue doit être dans la portée globale pour que le plug-in s'y greffe.

Comment utiliser un plug-in ?

Comme nous l'avons déjà indiqué, la déclaration d'un plug-in est globale. Ainsi, il est accessible dans tout objet appartenant à l'instance de Vue sur laquelle il est déclaré. Admettons que nous ayons notre fichier d'entrée d'application nommé `main.js`. Il suffit après l'import de Vue, d'utiliser la méthode `.use` comme suit :

```
import monPlugin from './path/to/monPlugin';

Vue.use(monPlugin);

new Vue({
  el: "#app",
  template: "<App/>",
  components: { App }
});
```

Note

Si nous déclarons notre plug-in à plusieurs endroits dans notre application, Vue ne permettra qu'une seule et unique instance du plug-in, au chargement de l'instance.

Ensuite, dans n'importe quel composant lié à cette instance, nous pourrons appeler les éléments de notre plug-in. Voici un exemple d'utilisation d'un composant et d'une méthode d'instance dans un composant :

```
<template>
  <div>
    <span>{{ this.$m().format("MMMM Do YYYY, h:mm:ss a") }}</span>
    <usr v-bind="dataUser" />
  </div>
</template>

<script>
// Script
export default {
  name: "plugins",
  data() {
    return {
      dataUser: {
        name: "Julien",
        age: 33,
        sex: "Masculin"
      }
    };
  },
```

```
    mounted() {
      this.$maMethode();
    }
  };
</script>
```

Voici ce que nous aurons au chargement du composant dans la console :

```
Plugin-Mixin
Plugin-Méthode d'instance
```

La figure 12-2 montre le rendu dans le navigateur :

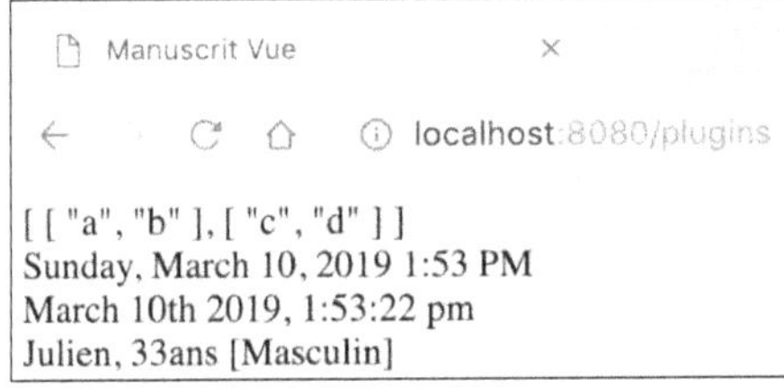

Figure 12-2 – Utilisation d'un plug-in à déclaration globale

13

Extension de composant

Nous avons parcouru les différentes possibilités pour ajouter des événements, méthodes, données, etc., à nos composants par l'intermédiaire des mixins et des plug-ins. Vue propose une dernière option, nommée `extends`*, qui permet d'étendre un composant par rapport à un autre, c'est-à-dire de faire de l'héritage tout simplement. Cette fois, aucun code complémentaire n'est à fournir dans un fichier JavaScript indépendant.*

La méthode

Admettons que nous ayons un composant de base que nous appelons `InputBase` qui ne fait qu'afficher un libellé avec une propriété `label` relative. Nous disposons également de deux nouveaux composants nommés `InputText` et `InputSelect` qui héritent de `InputBase`, donc de la propriété `label`. `InputText` propose de limiter la saisie à du numérique lors de la saisie via la propriété `isNumeric`. Enfin, le composant `InputSelect`, quant à lui, demande explicitement une liste d'éléments qu'il proposera à l'utilisateur (figure 13-1).

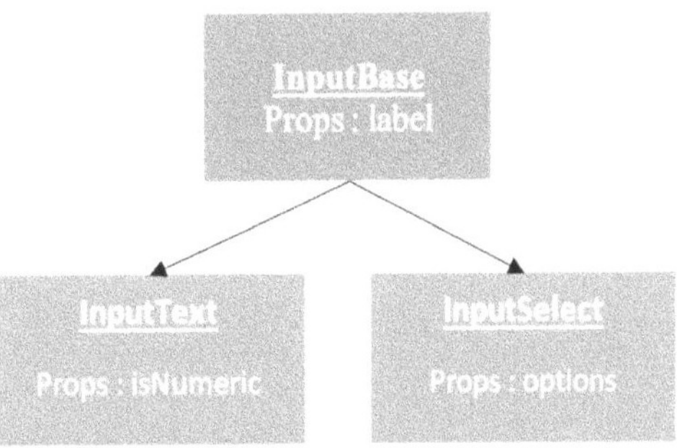

Figure 13-1 – Extension de composant

L'option `extends` est à adosser au composant enfant avec comme valeur la référence au composant parent. Reprenons le schéma de la figure 13-1 pour écrire le code de chaque composant avec cette nouvelle option.

Voici le code pour le composant `InputBase` :

```
<template>
  <div>
    <label>{{ label }}</label>
  </div>
</template>

<script>
export default {
  name: "InputBase",
  props: {
    label: {
      type: String
    }
  }
};
</script>
```

Voici le code du composant `InputTexte` avec une option `watch` pour limiter la saisie. À noter que ceci n'est pas l'unique possibilité :

```
<template>
  <div>
    <label>{{ label }}</label> <br />
    <input type="text" v-model="txt" />
  </div>
</template>

<script>
import InputBase from "./InputBase.vue";

export default {
  name: "InputText",
  extends: InputBase,
  props: {
    isNumeric: {
      type: Boolean,
      default: false
    }
  },
  data() {
    return {
      txt: null
    };
  },
```

```
  watch: {
    txt(val, old) {
      if (!this.isNumeric) return;
      if (!isFinite(Number(val))) this.txt = old;
    }
  }
};
</script>
```

Le code du composant `InputSelect`, écrit le plus simplement possible :

```
<template>
  <div>
    <label>{{ label }}</label> <br />
    <select>
      <option v-for="o in options"
        :key="o"
        value="o"> {{ o }}
      </option>
    </select>
  </div>
</template>

<script>
import InputBase from "./InputBase.vue";

export default {
  name: "InputSelect",
  extends: InputBase,
  props: {
    options: {
      type: Array,
      required: true
    }
  }
};
</script>
```

Pour finir, voici le code du composant qui intègre nos trois composants précédents :

```
<template>
  <div>
    <inputbase label="Label InputBase" /><br />
    <inputtext label="Label InputText" :isNumeric="true" /><br />
    <inputselect label="Label InputSelect" :options="options" /><br />
  </div>
</template>
```

```
<script>
export default {
  name: "home",
  components: {
    inputbase: () => import("./controls/InputBase"),
    inputtext: () => import("./controls/InputText"),
    inputselect: () => import("./controls/InputSelect")
  },
  data() {
    return {
      options: ["un", "deux", "trois", "quatre"]
    };
  }
};
</script>
```

Le rendu navigateur est présenté à la figure 13-2 :

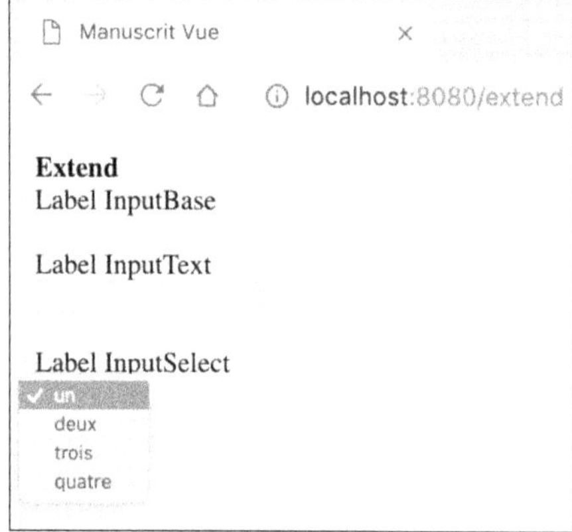

Figure 13-2 – Extension de composant InputBase

Note

Nous remarquons que le template n'est pas étendu. On peut donc conclure que cette option est extrêmement proche d'un mixin. Pour pouvoir charger le template de base, il nous faudra passer par le composant `slot`.

L'injection de dépendances

Vue propose une double option nommée `provide/inject` qui permet d'injecter des dépendances d'un composant que l'on peut appeler `provider` à un ou *n* descendants (que nous nommerons `Child`, pour « enfant ») et ce, sans limite de profondeur. Observons le schéma de la figure 13-3 pour comprendre l'injection proposée par Vue :

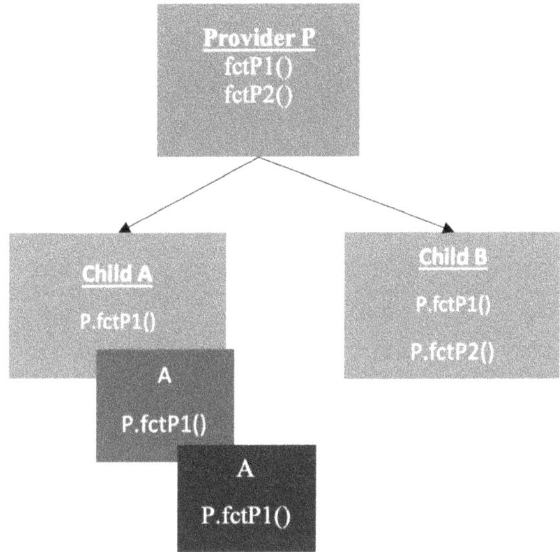

Figure 13-3 – Injection de dépendances

Nous disposons d'un `provider` nommé `P` qui expose plusieurs fonctions, nommées respectivement `fctP1` et `fctP2`. Dans le composant A, sera injecté uniquement la fonction `fctP1`, et dans le composant B seront injectées toutes les fonctions. Dans notre composant principal, nous créerons une instance de `P` qui intégrera en son sein trois composants A en cascade afin de montrer la diffusion des dépendances de la racine à la feuille de l'arbre.

Principe

L'option `provide` est à inscrire dans le composant parent et doit retourner un objet, soit directement, soit par l'intermédiaire d'une fonction.

L'option `inject`, quant à elle, est à adosser aux composant enfants et peut être de deux types :

- un tableau avec le nom des injections disponibles ;
- un objet avec le nom du composant cible (`provider`). Cet objet peut être complété avec deux options :
  - `from` : qui spécifie le nom de la dépendance ;
  - `default` : qui définit la valeur à utiliser par défaut si `from` est introuvable.

Reprenons le schéma de la figure 13-3 et étudions le code relatif. Commençons par le composant parent nommé `BasicProvider` dans lequel nous avons une variable `uneData` dans l'option `data` et deux options `methods` nommées `fctP1` et `fctP2` qui retournent une chaîne de caractères. Le template contient un slot pour inclure nos composants en cascade. Nous utilisons l'option `provide` avec une fonction qui retourne un objet contenant nos dépendances à injecter :

```
Vue.component("BasicProvider", {
  provide() {
    return {
      dataP: this.uneData,
      fctP1: this.fctP1(),
      fctP2: this.fctP2("XXX")
    };
  },
  data() {
    return {
      uneData: "Chaîne de caractères"
    };
  },
  methods: {
    fctP1() {
      return "Fonction n°1";
    },
    fctP2(val) {
      return "Fonction n°2 : " + val;
    }
  },
  template: `<div>BasicProvider<slot></slot></div>`
});
```

Nous disposons également du composant `ChildA` qui injecte les dépendances `fctP1` et `fctPX`. Par défaut, si ces dépendances ne sont pas trouvées, nous définissions une solution de substitution, à savoir la valeur `null` pour `fctP1` et un tableau de trois éléments (`4`, `5` et `fin`) pour `fctPX`. Un slot est également ajouté au template :

```
Vue.component("BasicChildA", {
  inject: {
    fctP1: {
      from: "fctP1",
      default: () => null
    },
    fctPX: {
      from: "fctPX",
      default: () => [4, 5, "fin"]
    }
  },
  template: `<div>BasicChildA : dépendances
             {{ fctP1 }} et {{fctPX}} injectées.
             <slot></slot></div>`
});
```

Le composant `ChildB`, quant à lui, est beaucoup plus simple et charge les trois dépendances de `provider` sans aucune option complémentaire. Il en va de même pour le slot.

```
Vue.component("BasicChildB", {
  inject: ["fctP1", "fctP2", "dataP"],
  template: `<div>BasicChildB : dépendances {{dataP}},
           {{ fctP1 }} et  {{fctP2}} injectées.
           <slot></slot></div>`
});
```

Pour finir, nous utilisons chaque composant dans notre composant de rendu avec le template suivant :

```
<BasicProvider>
  <BasicChildA>
    <BasicChildA>
      <BasicChildA />
    </BasicChildA>
  </BasicChildA>
  <BasicChildB />
</BasicProvider>
```

La vue finale est présentée à la figure 13-4 :

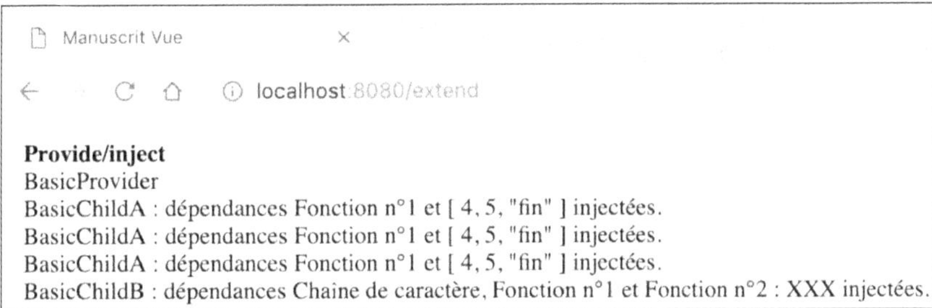

Figure 13-4 – Injection de dépendances avec provide et inject

Ainsi, nous pouvons voir l'injection de dépendances comme une propriété `props` à longue distance qui présente plusieurs avantages :

- Le composant parent n'a pas besoin de connaître les enfants pour spécifier les propriétés à injecter. Par conséquent, les composants descendants n'ont pas besoin de connaître la source des dépendances à résoudre.
- L'injection de dépendances permet de synchroniser, partager de l'information entre plusieurs composants comme une sorte de broadcast.

Cependant, elle présente également plusieurs inconvénients :

- La logique de communication entre les composants de Vue est modifiée.
- La maintenance du code est plus complexe car il devient difficile de retrouver la source des dépendances.
- Les propriétés fournies par le parent via `provide` ne seront pas réactives, sauf si elles sont observées par l'intermédiaire d'un `watcher`.

Note

Ce mécanisme est globalement intéressant pour créer un gestionnaire d'états, qui permet le partage de données entre composants comme le propose notamment Vuex.

14

Le store, gestionnaire d'états

*Le store ou gestionnaire d'états, est une sorte de modèle (*pattern*) permettant de centraliser des données. Nous pouvons nous dire que dans un navigateur, il est possible de stocker de l'information dans un* local storage, *par exemple, que chaque composant pourrait ensuite récupérer au chargement. Or, il n'y a aucune réactivité, ce qui signifie que si nous avons, par exemple, deux composants –* `A` *et* `B` *– sur une même page qui utilisent une même variable* `X`*, lorsque* `A` *modifie* `X`*,* `B` *n'est pas averti. C'est là que prend tout l'intérêt d'un gestionnaire d'états où la réactivité fonctionne entre les pages et entre les composants, notamment pour une application SPA (mono-page).*

Définition

L'objectif est de créer un référentiel unique où toutes nos données peuvent être modifiées et diffusées à tous les composants enfants de l'instance de Vue. En génie logiciel, il s'agit donc de créer un *singleton* sur lequel nous ajoutons de la réactivité, comme nous l'avons vu précédemment.

La figure 14-1 présente un schéma d'un gestionnaire d'états dans sa conception la plus simple, en reprenant l'exemple évoqué en introduction.

Lorsque le composant `A` veut modifier la variable `X` du store, il appelle une fonction de mutation qui a pour vocation de mettre à jour, de faire muter cette variable. Par réactivité, les composants `A` et `B` sont automatiquement impactés.

Le code relatif à ce schéma peut être celui de la p. 166, dans lequel le fichier `store.js` contient la variable `X` et la fonction de mutation. Le composant `A` importe le store et la fonction de mutation affiche la valeur de la variable `X`, et propose deux boutons pour incrémenter et décrémenter cette dernière. Pour finir, le composant `B` ne fait qu'afficher la variable `X`.

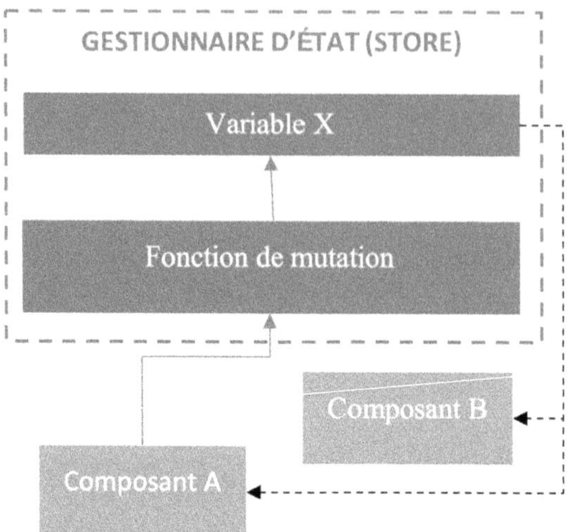

Figure 14-1 – Store

store.js

```
import Vue from "vue";

export const store = Vue.observable({
  X: 0
});

export const mutations = {
  setX(val) {
    store.X = val;
  },
  // Autres fonctions...
};
```

Note

Nous utilisons l'argument `observable` sur l'instance de Vue afin de rendre le store réactif. Le principe est exactement le même que dans un composant standard, nous utilisons la fonction `data` avec ses variables réactives.

Nous utilisons également ici une constante `mutations` qui contient une fonction `setX`. Elle pourrait en contenir de multiples. L'intérêt est d'avoir une entrée unique pour nos fonctions de mutation, mais également de pouvoir faire une transition sur le plug-in `Vuex` dans la suite de ce chapitre.

store.vue (composant A, le composant B est créé en son sein)

```
<template>
  <div>
    <p>ComposantA: {{ X }}</p>
    <button @click="setX(X + 1);">+ 1</button>
    <button @click="setX(X - 1);">- 1</button>
    <cb/>
  </div>
</template>

<script>
import { store, mutations } from "../store";

const composantB = {
  template: "<p>ComposantB : {{ X }}</p>",
  computed: {
    X() {
      return store.X;
    }
  },
};

export default {
  components: {
    cb: composantB,
  },
  computed: {
    X() {
      return store.X;
    }
  },
  methods: {
    setX: mutations.setX
  },
}
</script>
```

Lorsque nous cliquons sur les boutons, la valeur de la variable `X` est modifiée et les composants `A` et `B` affichent la même valeur automatiquement. L'objectif est donc atteint.

Nous pourrions étendre notre store pour en faire un plug-in. C'est là que nous devons nous tourner vers Vuex.

Le gestionnaire Vuex

Comme nous l'avons mentionné précédemment, Vuex est le plug-in gestionnaire d'états de référence couplé au framework Vue. Il est le pendant de Redux avec React pour les développeurs qui souhaitent faire un rapprochement.

Qu'est-ce que Vuex ?

Pour comprendre son mécanisme, voici le schéma officiel avec :

- le state qui est l'arbre d'état unique et centralisé de nos données ;
- les fonctions de mutation qui, comme nous l'avons vu, altèrent les données ;
- les actions qui actent les mutations.

Le principe est le suivant : lorsqu'un utilisateur réalise une action côté client, comme un vote pour un article, un événement est émis à une action du store via `dispatch`, fonction qui elle-même actera une mutation par un `commit`. À cet instant, l'état de l'arbre est modifié et nous pourrons observer cette modification dans Vue.js devtools. Bien évidemment, encore une fois grâce au système de réactivité de Vue, le composant sera en mesure de rendre la nouvelle valeur. Le principe est exactement le même si l'événement initial est poussé par le back-end, avec Axios par exemple.

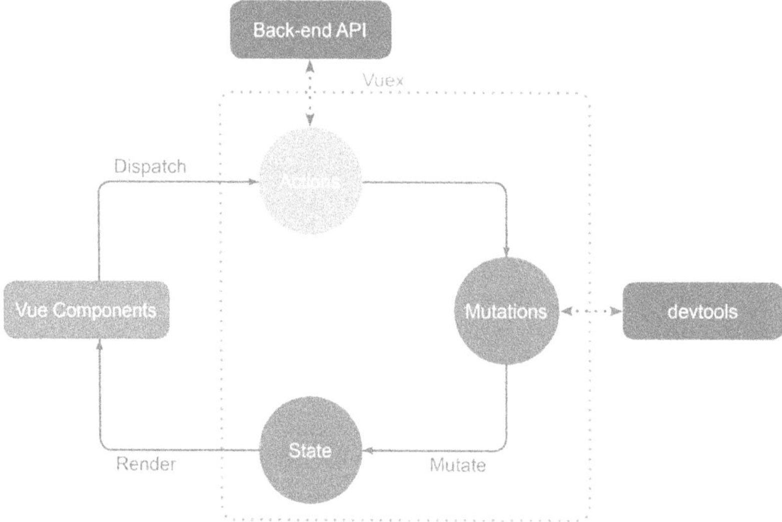

Figure 14-2 – Vuex – Cycle de vie

En comparaison avec notre premier schéma, le State correspond aux variables, l'arbre d'état : c'est le référentiel unique et central. Les Actions sont l'unique point d'entrée pour modifier un état pour le back-end (API) et le front-end (composant Vue). Ces dernières actent (`commit`) les `mutations`. Les mutations quant à elles modifient le store. Pour finir, le rendu par réactivité dans les composants reste identique.

Vue devtools comme compagnon

Comme le montre le schéma de la figure 14-2, nous pouvons – et c'est d'ailleurs recommandé –, utiliser le très bon outil qu'est Vue.js devtools car il intègre un onglet dédié à Vuex avec une visualisation des états et la possibilité de jouer avec les étapes.

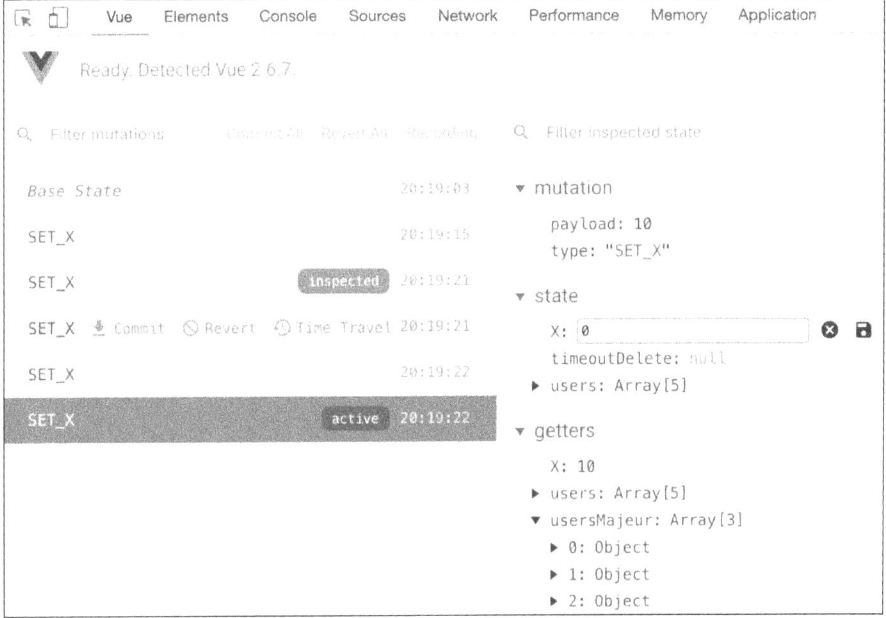

Figure 14-3 – Vue devtools et le module Vuex

Comment installer Vuex ?

Plusieurs propositions s'offrent à nous :

- soit passer par un CDN ;
- soit télécharger Vuex sur le git officiel à cette adresse : https://github.com/vuejs/vuex ;
- soit importer Vuex dans notre projet en tant que module, comme suit :

```
// NPM
npm install vuex -save

// YARN
yarn add vuex
```

Ensuite, comme tout module, il nous suffit de l'importer puis, comme nous l'avons vu dans le chapitre 12 sur les plug-ins, de l'intégrer à notre instance de Vue :

```
import Vue from 'vue'
import Vuex from 'vuex'

Vue.use(Vuex)
```

Si nous souhaitons que notre site soit compatible avec des navigateurs ne supportant pas ES6 et les promesses, nous serons dans l'obligation d'ajouter une bibliothèque `polyfill` qui prendra le relais pour les méthodes non supportées par ces navigateurs.

Tout comme Vuex, nous pouvons utiliser `es6-promise` via un CDN à l'adresse suivante, par exemple : https://github.com/stefanpenner/es6-promise

Ou en installant un module :

```
// NPM
npm install es6-promise --save

// YARN
yarn add es6-promise
```

Il est également possible de passer le gestionnaire en mode strict, ce qui permet d'assurer que l'arbre d'état ne soit modifié que par des mutations. A contrario, si nous souhaitons modifier une valeur d'un état via Vue devtools, par exemple, une erreur apparaîtra si le mode strict est activé. Nous avons donc le choix d'apposer le mode strict, quel que soit l'environnement ou bien de le spécifier comme le montre l'exemple ci-dessous : uniquement lorsque nous sommes en production.

```
const store = new Vuex.Store({
  // Pour tous les environnements
  strict: true

  // Uniquement pour la production, et donc désactivé autrement
  strict: process.env.NODE_ENV !== 'production'
})
```

Création de la structure de base

Il est recommandé de créer un répertoire `store` avec pour base un fichier `index.js` qui sera notre gestionnaire d'états. Il sera exporté dans notre instance principale de Vue.

L'intérêt est de pouvoir organiser nos fichiers dédiés au store comme les modules, que nous verrons ultérieurement.

Ainsi, nous devrions avoir l'organisation suivante :

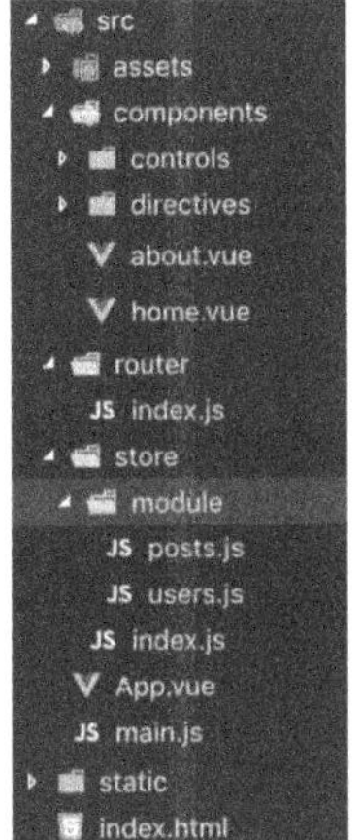

Figure 14-4 – Structurer son projet avec Vuex

Nous pouvons également sortir les actions et mutations hors du gestionnaire et/ou des modules.

Créer un store avec Vuex

Reprenons l'exemple du début de chapitre mais en utilisant Vuex. De plus, nous prendrons en compte la préconisation de structure de fichiers afin de se familiariser rapidement avec.

Comme mentionné dans le répertoire `store`, nous aurons un fichier `index.js` avec le code suivant :

```
import Vue from "vue";
import Vuex from "vuex";

Vue.use(Vuex);

export const store = new Vuex.Store({
  state: {
    X: 0
  },
  mutations: {
    SET_X: (state, val) => {
      // val est un payload
      state.X = val;
    }
  },
});
```

Nous importons nos modules Vue et Vuex, puis nous ajoutons le plug-in Vuex dans l'instance de Vue. Ensuite, nous écrivons notre nouvelle instance de Vuex dans la constante `store`.

Nous définissons notre `state`, qui correspond à nos variables, notre référentiel de données (ici seulement `X`).

Viennent ensuite les mutations, avec pour notre exemple, l'unique méthode `SET_X` qui mute, remplace la valeur de `X` par la valeur `val`.

Nous avons en paramètre de la méthode, `state`, qui fait référence à notre objet `state` sur lequel nous opérerons des mutations, et `val` qui est un paramètre complémentaire optionnel que l'on appelle également un *payload*. La valeur de `X` dans notre `state` deviendra tout simplement `val`.

Note

Nous écrivons le nom de la méthode de mutation en majuscule afin de faire la distinction avec les actions que nous verrons prochainement.

Important

Une mutation est uniquement synchrone. Nous verrons plus tard comment faire des appels asynchrones, comme un appel API avec une action.

Ensuite, dans notre fichier comprenant l'instance principale de Vue, soit `main.js`, nous aurons l'import du module Vue bien entendu, et l'import de notre constante `store` afin de l'injecter dans notre instance :

```
import Vue from "vue";
import App from "./App";
import { store } from "./store/index.js";

new Vue({
  el: "#app",
  store,
  template: "<App/>",
  components: { App }
});
```

Pour finir, dans notre composant qui servira de page, il suffit de faire appel au plug-in via `this.$store`.

Comme pour l'exemple initial, nous créons un composant nommé `C` pour faire le distinguo. Ce dernier comporte une méthode `computed X` qui retourne la variable `X` du state de notre store et le template ne fait qu'un appel à cette méthode.

Le template du composant principal affiche la variable `X` également, mais directement dans le template. Il affiche le composant `C` et possède un bouton qui, lors de l'événement `click`, appelle la méthode de mutation `SET_X` grâce à la fonction `commit`. Cette dernière a comme paramètres notre fameuse mutation et un payload qui correspond à la valeur courante de `X`, incrémentée de 1.

```
<template>
  <div>
    <p>Store : {{$store.state.X}}</p>
    <cc/>
    <button @click="$store.commit('SET_X', $store.state.X + 1)">
      + 1 (mutation)
    </button>
  </div>
</template>

<script>

const composantC = {
  template: "<p>ComposantC : {{ X }}</p>",
  computed: {
    X() {
      return this.$store.state.X;
    }
  }
};

export default {
  components: {
    cc: composantC
  },
};
</script>
```

Rappel

Comme nous sommes dans le template, l'utilisation de `this` est inutile.

De plus, gardons en mémoire qu'il est interdit de muter directement une variable du state sans méthode de mutation, par exemple ainsi : `this.$store.state.x = 25`.

À ce stade, la situation est identique à l'exemple présenté au début du chapitre. Néanmoins, Vuex est un gestionnaire d'état plus complet et c'est ce que nous allons voir dès à présent.

L'arbre d'état unique : le state

Comme nous l'avons vu, l'arbre d'état est notre référentiel unique, la colonne vertébrale de notre gestionnaire d'états. Une fois que nous avons créé notre store, le plus intéressant est bien entendu de l'injecter sous forme de plug-in dans l'instance principale de Vue afin qu'il soit disponible dans tous ses enfants. Il nous suffira ensuite d'appeler `this.$store.state` pour obtenir notre arbre d'état.

La fonction utilitaire mapState

Dans l'exemple, nous avons affiché la variable `X` dans notre template via `$store.state.X` pour le composant principal et nous avons utilisé une option `computed` pour le composant `C`. Nous remarquons qu'il est plus élégant d'utiliser une méthode calculée que d'appeler directement le plug-in. La problématique se pose lorsque nous avons beaucoup de variables dans notre state. Vuex propose donc une fonction utilitaire nommée `mapState` qui permet de centraliser l'accès à notre state et de l'injecter dans l'instance courante `this`.

Pour commencer, nous devons importer dans notre composant la fonction `mapState`, comme ceci :

```
import { mapState } from "vuex";

export default {
  // Script du composant
}
```

Ensuite, il nous suffit de lier cette fonction sur notre déclaration de l'option `computed` de notre composant :

```
computed: mapState([
  'X' // X de $store.state.X sera injecté dans this.X
])
```

Comme c'est un tableau, nous pouvons ajouter autant de variable que nous souhaitons, séparées par des virgules.

Pour finir, au lieu d'appeler `this.$store.state.X`, nous utiliserons directement `this.X`.

Cependant, une autre problématique survient : comment avoir d'autres méthodes calculées si `mapState` est liée à `computed` ?

Il suffit d'utiliser l'opérateur de décomposition, également nommé `spread`. Pour plus d'informations sur cet opérateur ES6, consultez la page suivante de la MDN Mozilla : https://developer.mozilla.org/fr/docs/Web/JavaScript/Reference/Op%C3%A9rateurs/Syntaxe_d%C3%A9composition.

Voici comment nous écrirons notre injection :

```
computed: {
  uneMethode() {
    return "texte";
  },
  ...mapState({
    X: state => state.X
  })
},
```

Note

Le principe sera le même pour les mutations et les actions. Afin de savoir d'où provient l'appel, il peut être intéressant de préfixer par `store_`, par exemple. Nous aurons donc le code suivant :

```
computed: {
  uneMethode() {
    return "texte";
  },
  ...mapState({
    store_X: state => state.X
  })
},
```

Accesseurs et sa fonction utilitaire mapGetters

Faire un appel au state permet d'avoir la valeur brute, naturelle de la variable. Admettons que nous ayons un tableau d'utilisateurs dans une variable `users`. Si nous souhaitons ne récupérer que les utilisateurs majeurs, dont la propriété `age` est supérieure à 17, nous serons obligés de créer une nouvelle méthode dans notre composant, comme ceci :

```
computed: {
  ...mapState({
    store_users: state => state.users
  }),
  userMajeur() {
    return this.store_users.filter(u => u.age > 17)
  }
},
```

Deux problèmes se posent alors :

- si nous avons beaucoup de méthodes, cela va grossir notre composant ;
- l'absence de réutilisabilité : nous devons réécrire chaque méthode sur chaque composant qui en a besoin.

Vuex a déjà prévu cela grâce aux accesseurs, ou `getters`, qui sont des sortes de méthodes calculées, donc avec cache, qui retournent une valeur. Reprenons le code de notre gestionnaire avec quelques utilisateurs :

```
export const store = new Vuex.Store({
  state: {
    users: [
      { nom: "Brice", age: 32 },
      { nom: "Maxime", age: 18 },
      { nom: "Julien", age: 10 },
      { nom: "Fabien", age: 12 },
      { nom: "Xavier", age: 45 }
    ]
  },
```

```
  getters: {
    users: state => state.users,
    usersMajeur: state => state.users.filter(u => u.age > 17)
  },
});
```

Le grand avantage est que désormais, dans n'importe quel composant utilisant le gestionnaire, nous pouvons afficher les utilisateurs et les utilisateurs majeurs. Il suffit simplement d'utiliser le code suivant pour le template, par exemple :

```
<template>
  <div>
    {{$store.getters.users}}
    <br>
    {{$store.getters.usersMajeur}}
  </div>
</template>
```

Une fois encore, une fonction utilitaire, `mapGetters`, est dédiée. Il nous est possible de l'importer, comme `mapState` :

```
// Seule
import { mapGetters } from "vuex";

// Ou avec mapState, par exemple
import { mapState, mapGetters } from "vuex";
```

Puis, dans la partie `computed`, nous procédons de la même manière mais en ne faisant référence qu'au nom de l'accesseur `usersMajeur`. Ici, deux possibilités se présentent à nous :

- soit un tableau avec les noms directs ;
- soit un objet avec pour clé l'alias `store_usersMajeur` que nous souhaitons utiliser et en valeur, le nom de l'accesseur `usersMajeur`.

Voici le code

```
computed: {
  // Tableau
  ...mapGetters(['usersMajeur', '...'])

  // Objet
  ...mapGetters({
    store_usersMajeur: 'usersMajeur',
    autreAlias: 'autreAccesseur'
  })
},
```

Pour finir, dans le template, nous pouvons tout simplement appeler notre accesseur comme ceci :

```
{{store_usersMajeur}}
```

Les mutations pour modifier l'état

Dans notre exemple, nous avons utilisé une mutation. Les mutations sont les seules méthodes synchrones qui permettent de valider, d'acter une modification de l'état de notre gestionnaire, le state de notre store. Elles ne retournent aucune valeur. Ainsi, elles remplissent les mêmes fonctions que des mutateurs, les `setters`.

Écriture d'une mutation

Les mutations sont donc des méthodes qui, par défaut, prennent en paramètre l'état `state` afin de le modifier. Voici le code de `set_X` permettant de modifier la valeur de la variable `X` de notre état :

```
mutations: {
  SET_X(state) {
    state.X = 50;
  }
},
```

De plus, nous pouvons ajouter un nouveau paramètre que l'on appelle `payload`, exactement comme dans le code de l'exemple suivant :

```
mutations: {
  SET_X: (state, val) => {
    // val est un payload
    state.X = val;
  }
},
```

Le paramètre `payload` doit être soit une valeur primaire comme un numérique, une chaîne de caractères…, soit un objet.

```
mutations: {
  // Chaîne de caractères : name = 'Maxime'
  SET_USER_NAME: (state, name) => {
    state.user.name = name;
  }

  // Objet : { name:'Maxime', age:34 }
  SET_USER: (state, payload) => {
    state.user.name = payload.name;
  }
},
```

Appel d'une mutation

Ensuite, dans notre composant qui utilise notre gestionnaire, il suffit de valider la mutation pour l'invoquer via la méthode `commit`, comme suit :

```
// Sans payload
$store.commit('SET_X')

// Avec payload pour affecter 20 à la variable X
$store.commit('SET_X', 20)
```

Dans l'invocation de la mutation, nous pouvons aussi utiliser un objet, mais cela reste plus verbeux :

```
$store.commit({
  type: 'SET_USER',
  name: 'Maxime'
})
```

La mutation reste inchangée :

```
mutations: {
  SET_USER: (state, payload) => {
    state.user.name = payload.name;
  }
},
```

Note

Nous remarquons que le nom de la mutation est écrit en majuscules. Cela n'est pas une obligation mais cela nous permet de facilement faire une distinction entre la mutation et l'action. Par ailleurs, la documentation Vuex expose la possibilité de déclarer toutes les mutations dans des constantes, dans un fichier externe, mais cela reste un choix personnel.

Important

Le fait que les mutations ne soient que synchrones permet de connaître l'ordonnancement des différents appels à notre gestionnaire d'états, de pouvoir logger, déboguer et visualiser plus facilement, avec Vue.js devtools par exemple.

La fonction utilitaire mapMutations

Pour finir, nous pouvons importer les mutations dans notre composant grâce à la fonction `mapMutations`, comme ceci :

```
import { mapMutations } from "vuex";

// Couplée avec d'autres fonctions utilitaires
import { mapState, mapGetters, mapMutations } from "vuex";
```

Supposons que nous ayons pour mutation l'ajout d'un utilisateur dans le tableau `users` avec `USER_ADD` :

```
export const store = new Vuex.Store({
  state: {
    users: []
  },
  mutations: {
    USER_ADD: (state, user) => {
      state.users.push(user);
    }
  },
});
```

Cette fois, nous devons injecter les méthodes non pas dans les options `computed`, mais dans les options `methods`, tout en gardant la même philosophie que les `mapGetters` :

```
methods: {
  // Injection dans un tableau
  ...mapMutations(["USER_ADD"]),

  // Injection par un objet avec pour alias store_userAdd
  ...mapMutations({store_userAdd: "USER_ADD"})
},
```

Pour terminer, il suffit de valider la mutation avec `commit` :

```
// Sans alias
this.$store.commit("USER_ADD",
  {name:'Fabien', surname:'Dupont', age:15}
);

// Avec alias
this.store_userAdd({name:'Fabien', surname:'Dupont', age:15})
```

Les actions pour acter une mutation

Une action est une sorte d'interface entre le composant et les mutations du gestionnaire d'états. Elle permet d'acter les mutations uniquement, sans modifier l'état. De plus, elle peut contenir des actions asynchrones et retourner des données.

Pour ce dernier concept du cycle de vie, nous irons droit au but car les principes restent identiques à ceux que nous avons vus précédemment, seuls les termes changent.

Admettons que nous modifions notre liste d'utilisateurs en ajoutant seulement un identifiant, comme ceci :

```
users: [
  { id: 1, nom: "Brice", age: 32 },
  { id: 2, nom: "Maxime", age: 18 },
  { id: 3, nom: "Julien", age: 10 },
```

```
    { id: 4, nom: "Fabien", age: 12 },
    { id: 5, nom: "Xavier", age: 45 }
  ],
```

Nous allons afficher la liste des utilisateurs et lorsque nous cliquons sur l'un d'entre eux, nous affichons un bouton d'annulation de suppression et nous faisons appel à la suppression dans notre gestionnaire d'états. Si le bouton n'est pas cliqué dans un délai de trois secondes, l'utilisateur est définitivement supprimé de notre arbre d'état. Dans le cas contraire, il est préservé.

Nous allons pour cela écrire trois mutations :

- `USER_DELETE` qui supprime définitivement l'utilisateur du tableau `users` de notre état ;
- `TIMEOUT` qui affecte une fonction à une variable `timeoutDelete` de notre état ;
- `TIMEOUT_CLEAR` qui supprime ce timeout.

Nous écrivons également une action user_delete qui appelle la mutation `TIMEOUT`, qui elle-même appellera `USER_DELETE` au bout de trois secondes. Enfin, lorsque tout sera rendu, s'il n'y a pas eu d'annulation, l'action `user_delete` retournera une promesse avec un message.

Bien entendu, la mutation `TIMEOUT_CLEAR` annule la suppression.

Voici le nouveau code de notre gestionnaire d'états. La nouveauté réside dans le pavé `actions`, dans lequel nous avons notre méthode `user_delete` qui autorise l'asynchronisme et retourne une promesse. Normalement, elle prend en premier paramètre un objet qui fait référence à `context`, et dans un second paramètre le `payload`.

`context` est un objet qui contient deux fonctions que sont `dispatch` et `commit` (déjà vue), ainsi que quatre objets : `getters`, `state`, `rootGetters` et `rootState`.

Lorsque nous écrivons `user_delete(context, payload)`, nous devons, pour accéder aux fonctions et objets mentionnés précédemment, écrire dans le corps de notre méthode : `context.commit`, `context.state`… Ainsi, pour réduire notre périmètre à notre strict besoin, nous pouvons passer directement les éléments désirés sous forme d'objet comme `user_delete({state, commit}, payload)`.

Revenons au code :

```
export const store = new Vuex.Store({
  state: {
    users: [...],
    timeoutDelete: null
  },
  getters: {
    users: state => state.users,
  },
  mutations: {
    USER_DELETE: (state, id) => {
      const index = state.users.findIndex(u => u.id === id);
      if (index) state.users.splice(index, 1);
    },
    TIMEOUT: (state, fn) => {
      state.timeoutDelete = fn;
    },
```

```
    TIMEOUT_CLEAR: state => {
      clearTimeout(state.timeoutDelete);
    }
  },
  actions: {
    user_delete({ commit }, id) {
      return new Promise((resolve, reject) => {
        commit(
          "TIMEOUT",
          setTimeout(() => {
            commit("USER_DELETE", id);
            resolve("Utilisateur supprimé");
          }, 3000)
        );
      });
    }
  }
});
```

Note

Nous remarquons que nous avons un chaînage de `commit`, c'est ce que l'on appelle une *composition d'actions*.

Voici ensuite le template dans notre composant pour afficher les utilisateurs. Rien que nous ne connaissons déjà :

```
<template>
  <div>
    <ul>
      <li
        v-for="u in store_users"
        :key="u.nom"
        class="user"
        @click="userDelete(u.id)"
      >{{u.nom}} - {{u.age}}</li>
    </ul>
    <button v-if="isDeleting"
            @click="userDeleteCancel">
                 Annuler la suppression
    </button>
  </div>
</template>
```

La figure 14-5 présente le rendu navigateur :

- Brice - 32
- Maxime - 18
- Julien - 10
- Fabien - 12
- Xavier - 45

Figure 14-5 – Action – Rendu

Le script de notre composant avec :

- Une variable `isDeleting` qui permet d'afficher ou masquer le bouton d'annulation de suppression.
- Le mapping sur l'état `users` avec `store_users`.
- Le mapping sur les mutations avec `mapMutations`.
- Le mapping sur notre action de suppression `user_delete` afin de l'injecter dans `this`. Nous pourrons l'appeler via `this.user_delete`. Bien entendu il est possible de lui affecter un alias comme pour les mutations.
- Une méthode de suppression `userDelete` qui demande l'identifiant cliqué dans le template. Nous affichons le bouton d'annulation par réactivité, puis nous appelons la méthode de suppression. Au retour, nous affichons le message contenu dans la résolution `resolve` de l'action. Notons la nouveauté du mot-clé `dispatch` qui est le pendant de `commit` mais pour les actions, cela permet de distinguer les appels.
- Une méthode `userDeleteCancel` qui est actionnée par le bouton d'annulation et qui fait appel à la mutation pour annuler la suppression en annulant la variable de timeout de notre gestionnaire.

```
import { mapState, mapMutations, mapActions } from "vuex";

export default {
  data() {
    return {
      isDeleting : false
    };
  },
  computed: {
    ...mapState({
      store_users: state => state.users
    }),
  },
  methods: {
    ...mapMutations({
      store_userAdd: "USER_ADD",
```

```
      store_clearTimeout: "TIMEOUT_CLEAR"
    }),
    ...mapActions(["user_delete"]),
    // Ou
    //...mapActions({ store_userDelete : "user_delete"]),

    userDelete(id) {
      this.isDeleting = true;

      this.user_delete(id).then((res) => {
        this.isDeleting = false;
        console.log(res);
      })
      .catch(err => alert(err))

      /* Ou
      this.$store.dispatch("user_delete", id).then((res) => {
        this.isDeleting = false;
        console.log(res);
      })
      .catch(err => alert(err))
      */
    },
    userDeleteCancel() {
      this.store_clearTimeout();
      this.isDeleting = false;
      console.log("Suppression annulée")
    }
  }
};
</script>
```

Et pour finir, le style qui ne fait que changer la couleur sur les éléments `li` au survol de la souris et apposer un curseur de type `pointer` :

```
<style lang="scss" scoped>
.user {
  cursor: pointer;

  &:hover {
    color: red;
  }
}
</style>
```

Voici le rendu navigateur au survol de la souris. Nous comprenons donc qu'au bout de trois secondes, l'élément est supprimé si le bouton d'annulation n'a pas été cliqué :

- Brice - 32
- Maxime - 18
- Julien - 10
- Fabien - 12
- Xavier - 45

Annuler la suppression

Figure 14-6 – Action – Rendu au clic

Pour finir, observons ce qui est affiché par Vue.js devtools. Sur la gauche, nous avons l'historique des appels avec Base State qui est l'état initial de notre arbre d'état. Pour chaque étape, nous pouvons valider ou annuler l'étape (`commit/revert`), mais également se déplacer à l'étape désirée pour voir l'évolution du rendu.

Sur la droite, nous avons toutes les informations sur le gestionnaire d'états pour l'étape courante. Seules les variables de l'état `state` sont modifiables en temps réel.

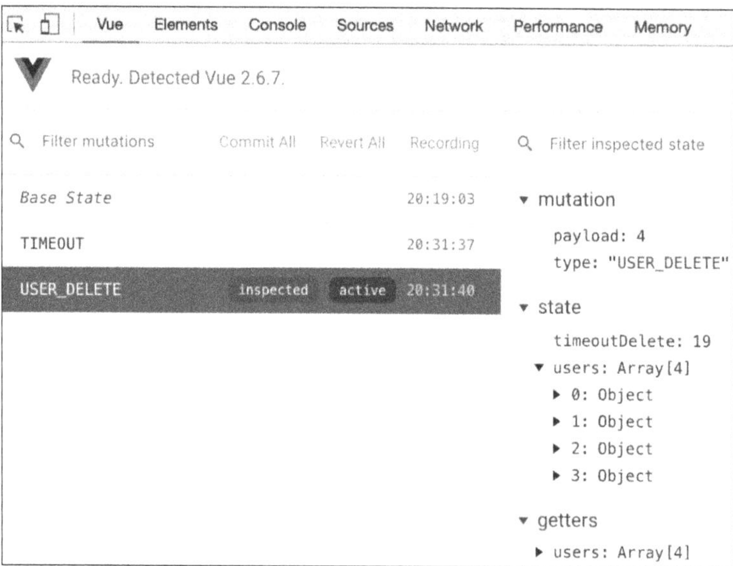

Figure 14-7 – Vuex – Vue.js devtools

Scinder le gestionnaire en modules

À ce stade, nous savons presque tout faire avec notre gestionnaire d'états. Néanmoins, comment faire si nous avons besoin de gérer plusieurs arbres en ayant une unique entrée `store` ?

La solution réside dans le découpage de notre gestionnaire en modules, chaque module contenant ses propres états, accesseurs, mutations et actions.

Écriture et import de modules

Reprenons notre gestionnaire précédent et exportons-le dans un fichier distinct nommé `default.js` afin de réduire l'écriture de notre store à sa plus simple forme, tout en gardant le fonctionnement initial. Ajoutons ensuite deux modules, `users` et `posts`, dans deux fichiers, puis importons le tout dans notre gestionnaire. Nous aurons l'architecture suivante :

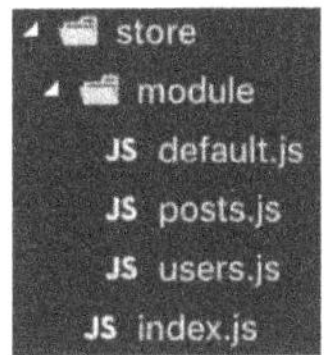

Figure 14-8 – Vuex – Fichier module

Le fichier `default.js` est positionné dans le répertoire module sans en être un. Il restera le gestionnaire initial de store. Le fichier `default.js` sera écrit comme suit (le contenu est supprimé afin de réduire la taille du code) :

```
const state = { ... }
const getters = { ... }
const mutations = { ... }
const actions = { ... }

export {
  state,
  getters,
  actions,
  mutations
}
```

Notre gestionnaire, dans le fichier `index.js`, contiendra l'import des deux modules. Nous spécifions les attributs par défaut comme suit :

```
import Vue from "vue";
import Vuex from "vuex";

Vue.use(Vuex);
```

```
// Modules
import { state, getters, mutations, actions }
            from './module/default';
import users from './module/users';
import posts from './module/posts';

// Store
export const store = new Vuex.Store({
  state,
  getters,
  mutations,
  actions,

  modules: {
    user: users,
    post: posts
  },
  strict: process.env.NODE_ENV !== 'production'
})
```

Note

- Dans le store, le fait d'écrire `state, getters`... est équivalent à `state = state, getters = getters` où la partie de gauche est la propriété du store et la partie de droite est l'import de `default.js`.
- Dans la propriété `modules`, nous avons mis un alias sur chaque module. Cela est bien sûr optionnel et nous permet, lors des appels (actions, mutations...), de passer par cet alias plutôt que par le nom du module, surtout s'il est long.
- Afin de nous focaliser sur les modules, nous laisserons de côté `default`. L'explication n'est rien de plus qu'une astuce.

Pour finir, voici nos deux modules avec un CRUD *(create, read, update, delete)* assez classique, dans lequel nous avons, pour un post, de un à plusieurs auteurs (`user`). Commençons par `user.js` :

```
export default {
  namespaced: true,
  state: {
    all: [
      { id: 1, nom: "Brice", age: 32 },
      { id: 2, nom: "Maxime", age: 18 },
      { id: 3, nom: "Julien", age: 10 },
      { id: 4, nom: "Fabien", age: 12 },
      { id: 5, nom: "Xavier", age: 45 }
    ],
  },
  getters: {
    user_getAll: state => state.all,
    user_getCurrent: state => state.all
                          .find(u => u.id === state.current),
    user_getMajors: state => state.all.filter(u => u.age > 17)
  },
```

```
  mutations: {
    ADD: (state, post) => {
      state.all.push(user);
    },
    UPDATE: (state, id, user) => {
      const index = state.all.findIndex(u => u.id === id);
      if (index) state.all[index] = { id, nom: user.nom,
                                      age: user.age }
    },
    DELETE: (state, id) => {
      const index = state.all.findIndex(u => u.id === id);
      if (index) state.all.splice(index, 1);
    },
  },
  actions: {
    add({ commit }, user) {
      commit("ADD", user);
    },
    update({ commit }, id, user) {
      commit("UPDATE", id, user);
    },
    delete({ commit }, id) {
      commit("DELETE", id);
    },
  }
}
```

Pour `post.js`, nous avons ajouté un état `current` qui permet d'afficher le post courant.

```
export default {
  namespaced: true,
  state: {
    all: [
      { id: 1,
        title: "Un super post",
        content: "Lorem ipsum",
        idUser: [1]
      },
      { id: 2,
        title: "À propos de Vue.js",
        content: "blabla bla",
        idUser: [1]
      },
      { id: 3,
        title: "Qu'est-ce que Vuex ?",
        content: "...",
        idUser: [1, 3]
      },
      { id: 4,
        title: "Les modules dans Vuex",
        content: "",
        idUser: [1, 3, 4]
```

```
      },
    ],
    current: 2,
  },
  getters: {
    post_current: state => state.current,
    post_getAll: state => state.all,
    post_getBypostId: (state, id) => state.all
                                      .find(p => p.idUser === id),
  },
  mutations: {
    ADD: (state, post) => {
      const id = Math.max(...state.all.map(o => o.id)) + 1
      post.id = id;
      state.all.push(post);
    },
    UPDATE: (state, post) => {
      const index = state.all.findIndex(p => p.id === post.id);
      if (!index) return
      state.all.splice(index, 1)
      state.all.splice(index, 0, post)
    },
    DELETE: (state, id) => {
      const index = state.all.findIndex(p => p.id === id);
      if (index) state.all.splice(index, 1);
    },
  },
  actions: {
    add({ commit }, post) {
      commit("ADD", post);
    },
    update({ commit }, post) {
      return new Promise((resolve, reject) => {
        if (post.idUser.length === 0) {
          reject("Un post doit avoir au moins un auteur");
          return;
        }
        commit("UPDATE", post);
        resolve()
      });
    },
    delete({ commit }, id) {
      commit("DELETE", id);
    },
  }
}
```

Utiliser des modules

Actuellement, notre gestionnaire est complet avec nos deux modules. Nous pouvons vérifier cela, une fois encore avec notre extension favorite.

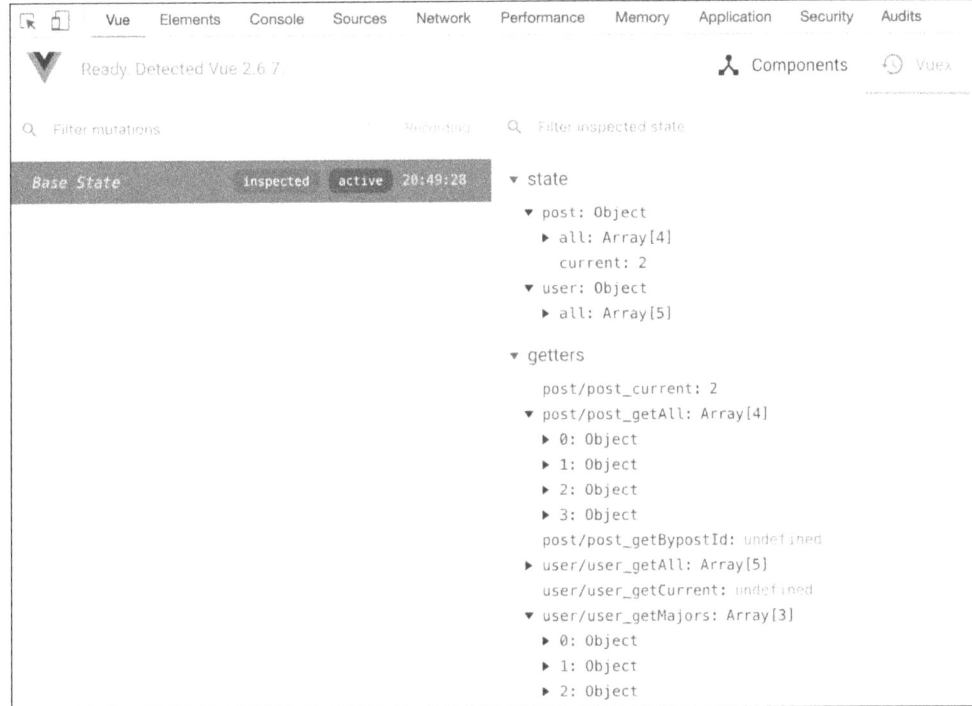

Figure 14-9 – Vuex – Modules dans Vue.js devtools

Il est maintenant temps d'utiliser notre gestionnaire dans un composant. Mais avant cela, mettons en exergue plusieurs points importants :

- `state` : Vuex fusionne tous les arbres d'état des modules dans l'arbre principal, tout en cloisonnant par noms de modules.
- `getters` : ils sont tous centralisés, c'est pourquoi il est obligatoire de ne pas avoir de doublons ! Ici, nous avons choisi de les préfixer par le nom du module suivi du caractère underscore (_).
- `namespaced` : nous retrouvons dans nos deux modules le mot-clé `namespaced` avec pour valeur `true`. Cela signifie que nous souhaitons cloisonner nos modules afin qu'ils deviennent autosuffisants et réutilisables.

Dans notre composant, faisons un simple affichage avec la liste des utilisateurs (`user`), la liste des messages (`post`) et le premier post grâce à l'état de notre gestionnaire. Nous aurons pour le template :

```
<template>
  <div class="block">
    <b>User</b>
    <div>{{_user}}</div><br>
    <b>Post</b>
    <div>{{_post}}</div><br>
    <b>Premier Post</b>
    <pg :post="post_getFirst" />
  </div>
</template>
```

Pour le script, nous commençons par importer les éléments qui nous seront nécessaires pour le mapping. Nous ajoutons également un nouveau composant enfant pour un affichage plus visuel d'un post.

```
import { mapState, mapGetters, mapMutations, mapActions } from "vuex";

export default {
  components: {
    pg: () => import("./controls/PostGUI"),
  },
```

Pour le mapping de l'état, rien de nouveau si ce n'est que nous suffixons la racine `state` par le nom du module comme nous le montre Vue.js devtools :

```
  computed: {
    ...mapState({
      post_getFirst: state => state.post.all[0],
      _user: state => state.user,
      _post: state => state.post
    }),
```

Concernant les accesseurs, deux possibilités s'offrent à nous :

- garder la déclaration soit sous forme de tableau ou d'objet comme déjà vu (exemples 1 et 2) ;
- spécifier le nom de module pour premier argument et le chemin complet pour le second argument (exemple 3).

```
    ...mapGetters("user", ["user_getAll",
                           "user_getCurrent",
                           "user_getMajors"]),

    ...mapGetters("post", ["post_current"]),

    ...mapGetters({ post_getAll: "post/post_getAll" })
  },
};
```

Le rendu navigateur est présenté à la figure 14-10 :

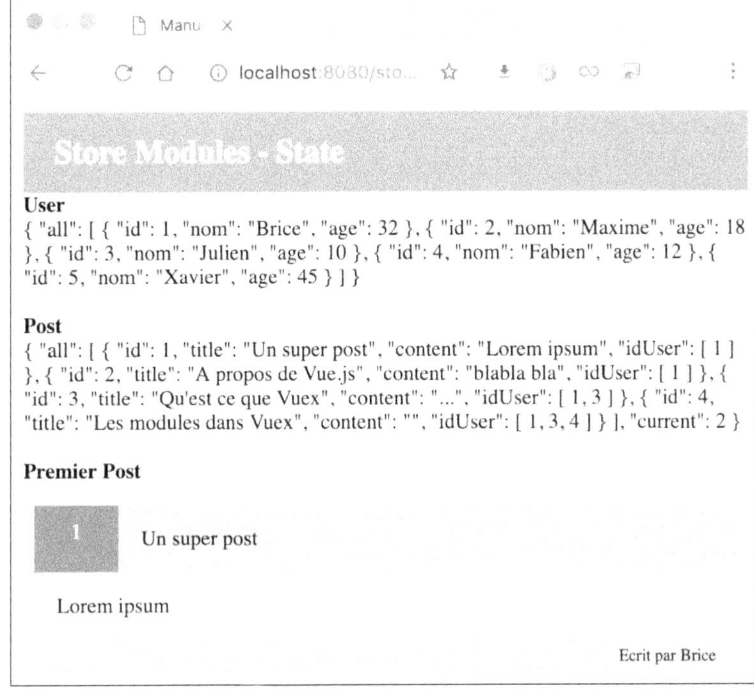

Figure 14-10 – Vuex – State et getters

Le composant `postGUI` affiche toutes les propriétés d'un post et récupère les noms des utilisateurs dans l'état `user` grâce au tableau `idUser` du `post` courant. Voici le template avec l'identifiant, le titre, le contenu et une méthode calculée qui retourne les noms des auteurs. Lors du clic sur un auteur, il est supprimé du post sauf s'il est seul :

```
<template>
  <div class='post'>
    <div class="wrapper">
      <div>{{ post.id }}</div>
      <div>{{ post.title }}</div>
    </div>
    <div>{{ post.content }}</div>
    <div><span
        v-for="u in getUsersName"
        :key="u.id"
        @click="userRemove(u.id)"
      >{{u.nom}}</span></div>
  </div>
</template>
```

Pour le script, `getUserName` filtre le retour de l'accesseur `user_getAll` afin de pouvoir afficher le nom des auteurs plutôt que l'identifiant. La méthode `userRemove` est appelée au clic sur un nom d'auteur. Cela appelle l'action `update` du module `user` en gérant la promesse.

```
<script>
export default {
  inheritAttrs: false,
  name: 'postGUI',
  data() {
    return {};
  },
  props: ['post'],
  methods: {
    userRemove(id) {
      let p = JSON.parse(JSON.stringify(this.post));
      const index = p.idUser.indexOf(id);
      p.idUser.splice(index, 1)
      this.$store.dispatch("post/update", p)
        .then(() => { })
        .catch((err) => alert(err))
    }
  },
  computed: {
    getUsersName() {
      return this.$store.getters["user/user_getAll"]
                .filter(u => this.post.idUser.includes(u.id))
    }
  }
}
</script>
```

Modifions donc le contrôle parent afin d'afficher la liste des posts et ajoutons un formulaire pour insérer un nouveau post.

```
<template>
  <div>
    // Affiche la liste des posts
    <pg
      v-for="p in post_getAll"
      :key="p.id"
      :post="p"
      :class="{'current': post_current===p.id}"
    />

    // Formulaire d'ajout d'un post
    <input
      type="text"
      placeholder="Titre"
      v-model="post.title"
      style="width:20%; margin:1rem"
    /><br>
```

```
    <textarea
      rows="5"
      placeholder="Contenu"
      v-model="post.content"
      style="width:20%; margin:1rem"
    >
    </textarea><br>
    <label
      v-for="u in user_getAll"
      :key="u.id"
      :for="u.id"
    >
      <input
        type="checkbox"
        :id="u.id"
        :value="u.id"
        v-model="post.idUser"
      >
      {{u.nom}}
    </label>  <button @click="addPost">Ajouter</button>

  </div>
</template>
```

Le code du script, où l'on ne constate aucun changement pour l'import :

```
<script>
import { mapState, mapGetters, mapMutations, mapActions } from "vuex";

export default {
  components: {
    pg: () => import("./controls/PostGUI"),
  },
```

La variable `post` sert de `model` (liaison avec `v-model`) pour le formulaire et l'injection dans le gestionnaire d'états `post`.

```
  data() {
    return {
      post: {
        title: "",
        content: "",
        idUser: []
      }
    };
  },
  computed: {
    ...mapGetters("user", ["user_getAll"]),
    ...mapGetters("post", ["post_getAll"])
  },
```

Nous faisons un mapping sur la mutation `ADD` de `post`. Notons que le principe est toujours le même pour les mutations et actions.

```
    methods: {
      ...mapMutations({
        postAdd: "post/ADD"
      }),

      addPost() {
        if (!(this.post.title && this.post.content &&
              this.post.idUser.length > 0)) {
          alert("Des champs sont vides");
          return;
        }
        const post = JSON.parse(JSON.stringify(this.post))
        this.postAdd(post)
        // Équivaut à : this.$store.commit('post/ADD', post)

        this.post.title = ""
        this.post.content = ""
        this.post.idUser = []
      }
    },
  };
</script>
```

La figure 14-11 présente le rendu final pour le formulaire :

Figure 14-11 – Vuex – Formulaire

Pour finir, voici le rendu après ajout dans le gestionnaire d'états :

Figure 14-12 – Vuex – Rendu de l'ajout

Déporter une action d'un module dans la portée globale

Nous avons vu que Vuex cloisonne par modules les actions. Néanmoins, il est possible de forcer une action d'un module en tant qu'action globale dans le gestionnaire en lui affectant la propriété `root` à `true`, et en plaçant la définition de l'action dans la fonction `handler`, comme suit :

```
modules: {
    monModuleGlobal: {
      namespaced: true,
      state: {
        id: 0,
      },
      mutations: {
        CHANGERID: (state, val) => {
          state.id = val
        }
      },
      actions: {
        changerId: {
          root: true,
```

```
            handler(context, payload) {
              context.commit("CHANGERID", payload);
            }
          }
        }
      }
    },
```

Désormais, l'appel se fait par appel direct, sans spécifier la route du module :

```
this.$store.dispatch("changerId", 5)
```

Accéder aux accesseurs globaux

Lorsque nous utilisons un module avec la propriété `namespaced` à `true`, il est possible d'accéder à l'état global avec `rootState` et aux accesseurs globaux avec `rootGetters`, respectivement en troisième et quatrième position de l'accesseur. Cela est aussi vrai pour les actions, mais uniquement pour les accesseurs.

```
export default {
  namespaced: true,
  state: {
    all: [],
  },
  getters: {
    post_getAll: state => state.all,
    post_fullAccess(state, getters, rootState, rootGetters) {
      state.all                  // state local post.all
      rootState.globalState      // state global globalState
      getters.post_getAll        // getters local post.post_getAll
      rootGetters.globalGetters  // getters global globalGetters
    }
  },
  actions: {
    fullAction({ dispatch, commit, getters, rootGetters }) {
      getters.post_getAll        // getters local post.post_getAll
      rootGetters.globalGetters  // getters global globalGetters
    },
  }
}
```

Enregistrement dynamique de module

Notons que nous pouvons enregistrer dynamiquement un module une fois le gestionnaire d'états créé grâce à la méthode `registerModule`. Reprenons le module `users` que nous importons dans notre composant avant de l'enregistrer avec l'alias `userCourant` :

```
import users from '../store/modules/users';

export default
{
  created ()
  {
    this.$store.registerModule('userCourant', users);
  }
}
```

Si nous souhaitons enregistrer un module imbriqué, il suffira de le spécifier dans un tableau, comme suit pour parent, enfant :

```
this.$store.registerModule([parent, enfant]);
```

Néanmoins, il pourrait être intéressant de tester l'existence du module avant de l'enregistrer. Nous pouvons faire comme le code suivant ou bien en faire une méthode :

```
export default
{
  created ()
  {
    const store = this.$store;
    if (!(store && store.state && store.state[moduleName]))
          store.registerModule('userCourant', users);

  }
}
```

Encore mieux, nous pouvons écrire un mixin très simple :

```
export default {
  methods: {
    storeModuleRegister(moduleName, storeModule) {
      const store = this.$store;
      if (!(store && store.state && store.state[moduleName]))
        store.registerModule(moduleName, storeModule);
    }
  }
}
```

Pour finir, comme nous l'avons déjà vu, il suffit de l'importer et d'appeler la méthode :

```
import storeModuleRegister from '../mixinStore'
import users from '../store/modules/users';

export default {
  mixins: [ RegisterStoreModule ],
  created ()
  {
    this.registerStoreModule('userCourant', users);
  }
}
```

15

API

Lorsque nous développons une application ou un site, nous avons besoin dans la majorité des cas d'accéder à une base de données par l'intermédiaire d'une application en back-end qui fournira une API de type REST.

Principe de base de communication avec une API

Comme indiqué dans un précédent chapitre, notre application est divisée en deux parties avec d'un côté le front-end et de l'autre le back-end. Dans les codes sources proposés, le front-end est notre application développée en Vue.js, qui sera l'interface utilisateur et donc les actions clientes. Notre back-end – en Node.js dans les exemples – expose des méthodes classiques de CRUD (*create, read, update, delete* soit « créer, lire, mettre à jour et supprimer ») qui iront manipuler une base de données (ou fichier) pour effectuer les actions demandées. La figure 15-1 présente un schéma succinct du fonctionnement.

Comment communiquer avec une API ?

Pour que notre client puisse consommer une API, il existe de multiples bibliothèques, notamment Axios et Fetch qui sont les plus populaires. Nous allons les étudier pour voir comment communiquer avec une API.

Bibliothèque Fetch

L'API Fetch est une bibliothèque désormais native des navigateurs récents qui permet de faire des appels Ajax très facilement. Elle succède en termes de développement à XHR (voir `XMLHttpRequest`

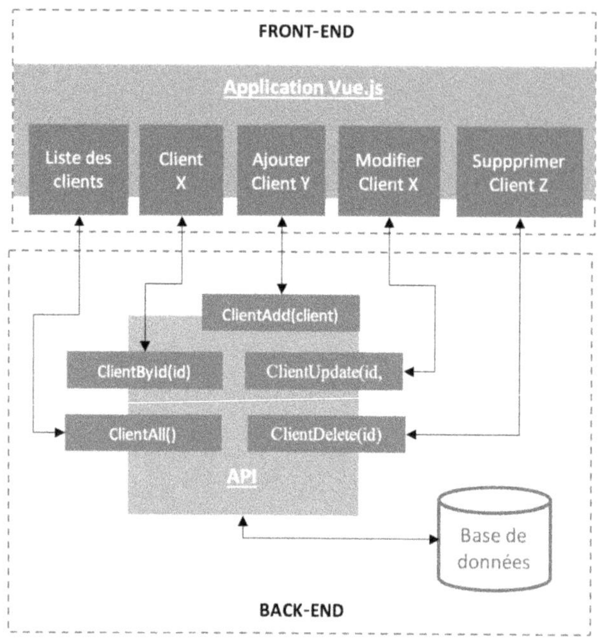

Figure 15-1 – Communication entre le front-end en Vue.js et une API en back-end

dans la documentation officielle : https://www.w3.org/TR/2012/NOTE-XMLHttpRequest1-20120117/), en proposant un ensemble de fonctionnalités plus souples et plus puissantes comme la gestion des promesses, la prise en charge de définition pour les CORS, la possibilité de récupérer des réponses au format JSON…

Note

Fetch n'étant pas le sujet de cet ouvrage, nous allons parcourir rapidement les appels et options de cette bibliothèque. Nous verrons comment l'intégrer au sein de notre application Vue.

La fonction `fetch` est fournie dans la portée globale de `window` et nécessite comme argument l'URL (`endpoint`).

Par défaut, c'est un appel `GET`, donc de lecture, qui est effectué. Pour cela, il suffit d'écrire :

```
fetch(apiUrl)
  .then((response) => { return response.json() })
  .then((data) => {
    // Retour des données
  })
  .catch(error => { console.error(error); })
```

Les méthodes `.then` sont les promesses avec pour la première une récupération des données au format JSON, et pour la seconde le retour des données. La méthode `.catch` est la promesse d'erreur qui affiche un message dans la console.

Il est à noter que nous pouvons utiliser des en-têtes spécifiques et personnalisés pour nos appels. Le tableau 15-1 présente les options susceptibles de nous intéresser :

Tableau 15-1. En-têtes de requêtes pour Fetch

Options	Valeurs	Explications
`method`	`GET`, `POST`, `PUT`, `DELETE`, `HEAD`	Type de méthode de la requête.
`url`	`url`	URL cible de la requête.
`headers`	Objets de type `new Headers`	Ajout de tous types d'options `headers` comme le `content-type`.
`mode`	`cors`, `no-cors`, `same-origin`	Permet de specifier si l'on autorise le partage des ressources entre origines multiples.
`credentials`	`omit`, `same-origin`	Demande si l'agent envoie les cookies dans le cas d'une requête CORS.
`cache`	`default`, `reload`, `no-cache`, `not-store`, `force-cache`, `only-if-cached`	Type de cache à utiliser.

Cela nous permet désormais de faire des appels complets pour la création, la modification et la suppression.

Concernant le retour, nous aurons l'objet `response` qui fournit différentes méthodes telles que :

- `clone()` : crée un clone de l'objet `response` ;
- `error()` : retourne un nouvel objet `response` avec l'erreur `reseau` ;
- `redirect()` : permet de rediriger sur une nouvelle URL ;
- `arrayBuffer()` : retourne la promesse résolue avec un objet de type `ArrayBuffer` ;
- `blob()` : retourne la promesse résolue avec un objet de type `Blob` ;
- `formData()` : retourne la promesse résolue avec un objet de type `FormData` ;
- `json()` : retourne la promesse résolue avec un objet `JSON` ;
- `text()` : retourne la promesse résolue avec un objet `Text`.

Nous en savons assez à ce stade pour comparer avec la bibliothèque Axios et appeler une API.

Bibliothèque Axios

Même si les mécanismes sont semblables entre Fetch et Axios, il réside cinq différences majeures entre ces deux bibliothèques :

- La syntaxe Axios est moins verbeuse.
- Axios transforme automatiquement les données au format JSON.

- Axios propose un `Transformer` qui permet d'effectuer des transformations sur les données avant qu'une requête ne soit faite ou après la réception d'une réponse.
- Axios propose également un `Interceptors` qui permet de modifier entièrement la demande ou la réponse (en-têtes également). Cette bibliothèque permet aussi d'effectuer des opérations asynchrones avant qu'une demande ne soit faite ou avant que promesse ne soit résolue.
- Axios intègre la protection contre les attaques XSRF/CSRF (vulnérabilité des services d'authentification). Pour en savoir davantage, consultez la page suivante :

  https://en.wikipedia.org/wiki/Cross-site_request_forgery.

L'équivalent de l'écriture `GET` pour l'exemple de Fetch est le suivant :

```
axios
  .get(apiUri)
  .then(response => {
    // Retour des données avec response.data;
  })
  .catch(error => console.error(error))
```

Axios propose un système de configuration assez riche. Comme cette bibliothèque n'est pas le sujet principal de ce livre, nous ne parlerons que des éléments principaux. Pour plus d'informations, consultez la documentation officielle qui se trouve à cette adresse : https://github.com/axios/axios.

Comme Fetch, la configuration de la bibliothèque Axios consiste à passer diverses options à la requête ou bien de passer par des alias afin d'en simplifier l'écriture. En voici un exemple pour un appel `POST`, de création donc :

Avec configuration

```
axios({
  method: 'post',
  url: '/user/12345',
  data: {
    firstName: 'Fred',
    lastName: 'Flintstone'
  }
});
```

Avec alias

```
axios
  .post(apiUri , {
    nom: 'Dupont',
    prenom: 'Julien'
  })
```

Injecter des données dans la requête

Ce point est légèrement prématuré car nous n'avons pas encore vu comment appeler l'API et utiliser les données reçues. Cependant, c'est un élément important que propose Axios si nous avons besoin d'utiliser un jeton d'identifiant (token) dans nos appels. En effet, comme mentionné précédemment, nous pouvons utiliser un `Interceptor` afin de modifier une requête avant son envoi.

Utilisons donc cette possibilité pour injecter un token dans toutes les requêtes que nous ferons à l'API afin de s'assurer que l'utilisateur a bien les habilitations nécessaires pour ladite requête, en admettant que le jeton soit enregistré dans le `local storage` de notre navigateur, sous le nom de `token`.

Commençons par créer un fichier JavaScript dans lequel nous écrivons :

axiosHelper.js

```
import axios from 'axios';

axios.interceptors.request.use(
  (req) => {
    const token = window.localStorage.getItem('app_token');
    if (token) req.headers.Authorization = token;
    return req;
  },
  (err) => {
    Promise.reject(return err);
  });
```

Ensuite, dans le fichier principal de notre application, il nous suffit d'importer le fichier `axiosHelper.js` :

```
import Vue from 'vue';
import App from './App';

import './axiosHelper';

// Lance App
new Vue({
  el: '#app',
  router,
  render: h => h(App)
});
```

Ainsi, chaque requête sera interceptée. Nous injecterons ensuite dans l'en-tête de celle-ci (header) le jeton dans la section `Authorization`. Il suffira que le serveur teste cette valeur et fasse le nécessaire, à savoir exécuter la demande ou la rejeter avec un message d'erreur.

Consommation d'une API

Admettons que nous ayons déjà une API disponible qui nous permettrait de retourner l'ensemble des utilisateurs sur la cible `/users`. Dans notre composant, nous pouvons donc écrire le code suivant afin d'afficher cette liste avec ce que nous avons déjà appris de Vue. Lorsque la promesse est résolue, nous insérons les données dans la variable `users` de type tableau, puis une boucle dans le template se charge de parcourir les utilisateurs :

```
<template>
  <div>
    <table>
      <tr>
        <th>Nom</th>
        <th>Prénom</th>
        <th>E-mail</th>
        <th>Sexe</th>
      </tr>
      <tr v-for="(u, i) in users" :key="u+i">
        <td>{{u.nom.toUpperCase()}}</td>
        <td>{{u.prenom}}</td>
        <td>{{u.email}}</td>
        <td>{{u.gender}}</td>
      </tr>
    </table>
  </div>
</template>

<script>
const apiUri = 'http://localhost:5000/';

export default {
  data() {
    return {
      users: [],
    }
  },
  mounted() {
    // Méthode Fetch
    fetch(apiUri + 'users')
      .then((response) => { return response.json() })
      .then((data) => {this.users = data; })
      .catch(error => { console.error(error); })

    // Méthode Axios
    axios
      .get(apiUri + 'users')
      .then(response => {this.users = response.data; })
      .catch(error => console.error(error))
  }
}
</script>
```

Note

Le code est indiqué pour Fetch et pour Axios afin de montrer la différence d'écriture. Il faut bien entendu n'en choisir qu'un seul.

Comme nous l'avons vu dans le cycle de vie d'une instance de Vue, le hook `mounted` ne garantit pas un chargement complet du document. Ainsi, si nous utilisons un mécanisme qui n'utilise pas de promesse, il semble plus judicieux d'utiliser `nextTick` (voir chapitre 3 sur les fondamentaux), ce qui donnerait par exemple avec JQuery :

```
mounted() {
  this.$nextTick(() => {
    $.get(apiUri + 'users', data => {
      this.users = data;
    })
  })
}
```

La figure 15-2 présente le rendu navigateur :

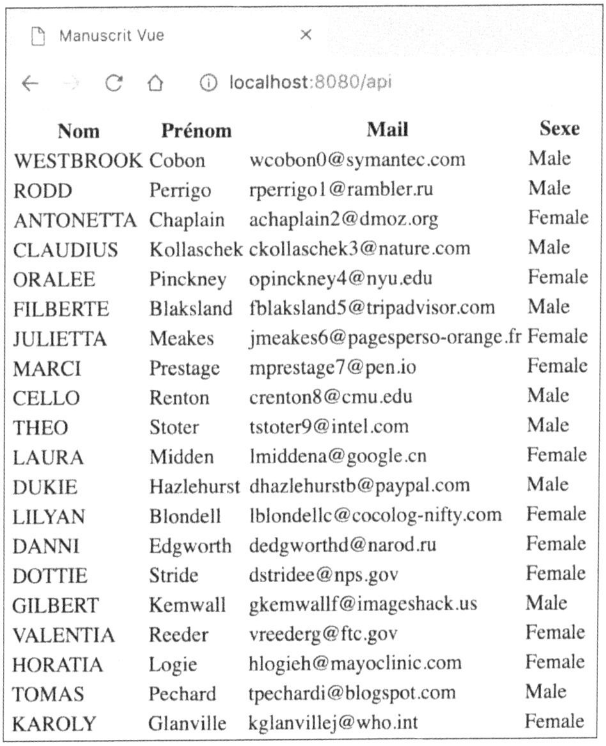

Manuscrit Vue
localhost:8080/api

Nom	Prénom	Mail	Sexe
WESTBROOK	Cobon	wcobon0@symantec.com	Male
RODD	Perrigo	rperrigo1@rambler.ru	Male
ANTONETTA	Chaplain	achaplain2@dmoz.org	Female
CLAUDIUS	Kollaschek	ckollaschek3@nature.com	Male
ORALEE	Pinckney	opinckney4@nyu.edu	Female
FILBERTE	Blaksland	fblaksland5@tripadvisor.com	Male
JULIETTA	Meakes	jmeakes6@pagesperso-orange.fr	Female
MARCI	Prestage	mprestage7@pen.io	Female
CELLO	Renton	crenton8@cmu.edu	Male
THEO	Stoter	tstoter9@intel.com	Male
LAURA	Midden	lmiddena@google.cn	Female
DUKIE	Hazlehurst	dhazlehurstb@paypal.com	Male
LILYAN	Blondell	lblondellc@cocolog-nifty.com	Female
DANNI	Edgworth	dedgworthd@narod.ru	Female
DOTTIE	Stride	dstridee@nps.gov	Female
GILBERT	Kemwall	gkemwallf@imageshack.us	Male
VALENTIA	Reeder	vreederg@ftc.gov	Female
HORATIA	Logie	hlogieh@mayoclinic.com	Female
TOMAS	Pechard	tpechardi@blogspot.com	Male
KAROLY	Glanville	kglanvillej@who.int	Female

Figure 15-2 – API GET

Note

Dans le code téléchargeable (voir compléments mis en ligne : editions-eyrolles.com/dl/0067783), une API en service est déjà prête à l'emploi dans le répertoire `node` avec les données présentes dans les explications. Il suffit de suivre le fichier `Readme.html` pour pouvoir l'utiliser.

Comprenons donc qu'il est réellement trivial de communiquer avec une API. Plutôt que de donner de multiples exemples sur le sujet, concentrons-nous sur des cas d'utilisation communs en utilisant la bibliothèque Axios.

CRUD complet d'une liste d'utilisateurs

Nous avons vu comment charger une liste d'utilisateurs grâce à la méthode `get`. Axios propose toutes ses méthodes avec des alias :

- `axios.get(url[, config])`
- `axios.delete(url[, config])`
- `axios.post(url[, data[, config]])`
- `axios.put(url[, data[, config]])`
- `axios.patch(url[, data[, config]])`

Améliorons le template précédent afin d'obtenir une liste d'utilisateurs que l'on peut modifier, supprimer et dans laquelle nous pouvons ajouter ou rechercher un utilisateur.

Nous trouverons dans le rendu initial :

- un bouton qui appelle l'API et affiche tous les utilisateurs ;
- un champ qui permet de lister les utilisateurs, dont le nom commence par les lettres saisies lors de l'événement `input`.

```
<template>
  <div>
    <b>Afficher/Filtrer : </b>
    <button @click="getAll()">Tous les utilisateurs</button>
    <input
      type="text"
      ref="txtName"
      v-model="name"
      placeholder="Nom commence par"
      autocomplete="disabled"
      @input="getStart()"
    />
  </div>
```

- Plusieurs champs correspondant aux propriétés d'un utilisateur et un bouton pour appeler l'API et insérer un nouvel utilisateur. Ces champs sont liés à un objet nommé `add` avec chacune des propriétés. La liste déroulante `select` boucle sur un tableau dans la variable `sex`.

```
<div>
  <b>Ajouter : </b>
  <input
    type="text"
    placeholder="Nom"
    autocomplete="disabled"
    v-model="add.name"
  />
  <input
    type="text"
    placeholder="Prénom"
    autocomplete="disabled"
    v-model="add.surname"
  />
  <input
    type="text"
    placeholder="E-mail"
    autocomplete="disabled"
    v-model="add.mail"
  />
  <select
    name="sex"
    v-model="add.sex"
  >
    <option
      v-for="(s, i) in sex"
      :key="s+i"
      :value="s.id"
    >{{s.lbl}}</option>
  </select>
  <button @click="userCreate()">Ajouter</button>
</div>
```

- Le tableau de rendu de la liste des utilisateurs affichera le nom, le prénom, l'e-mail, le sexe et une colonne complémentaire affichera deux icônes pour éditer et supprimer l'utilisateur sur la ligne relative. Dans l'exemple, nous n'autorisons que la modification de l'e-mail. Au focus sur la cellule, nous sélectionnerons tout le texte déjà saisi pour éviter à l'utilisateur de sélectionner par lui-même le contenu. Lorsque l'utilisateur sortira de la saisie, soit par l'événement `blur`, soit en appuyant sur la touche ***Entrée***, un appel à l'API mettra à jour l'utilisateur.

```
<div>
  <table v-if="users.length > 0">
    <tr>
      <th>Nom</th>
      <th>Prénom</th>
      <th>E-mail</th>
      <th>Sexe</th>
      <th>Actions</th>
    </tr>
```

```
        <tr
          v-for="(u, i) in users"
          :key="u+i"
        >
          <td>{{u.nom.toUpperCase()}}</td>
          <td>{{u.prenom}}</td>
          <td
            :id="'row_' + u.id"
            :class="{editing : u.id === editing}"
            :contenteditable="u.id === editing"
            onfocus="document.execCommand('selectAll', false, null);"
            @blur="userUpdate(u.id)"
            @keypress.enter="userUpdate(u.id)"
          >{{u.email}}</td>
          <td>{{u.gender}}</td>
          <td>

            <img
              src="./../assets/edit.png"
              @click="setEdit(u.id)"
            >
            <img
              src="./../assets/delete.png"
              @click="userDelete(u.id)"
            >
          </td>
        </tr>
      </table>
    </div>
</template>
```

Pour afficher les images, nous utilisons le répertoire `assets` généré par `vue-cli` en affectant à la source le chemin relatif.

Après avoir appelé l'API pour afficher tous les utilisateurs, nous aurons le rendu suivant :

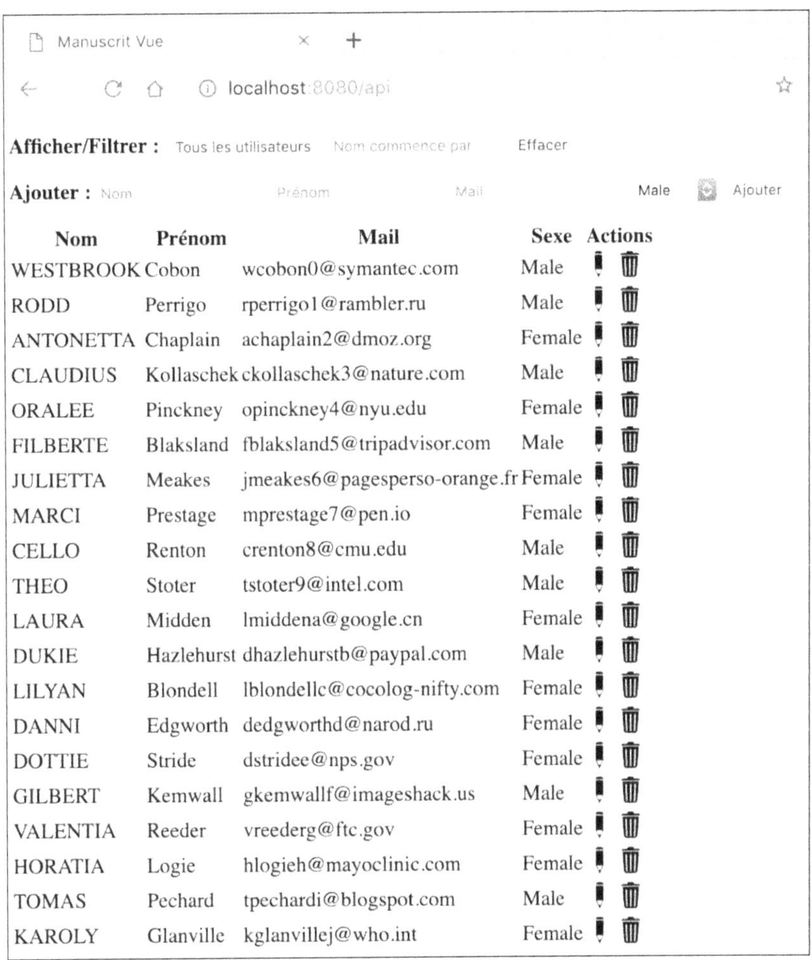

Nom	Prénom	Mail	Sexe	Actions
WESTBROOK	Cobon	wcobon0@symantec.com	Male	
RODD	Perrigo	rperrigo1@rambler.ru	Male	
ANTONETTA	Chaplain	achaplain2@dmoz.org	Female	
CLAUDIUS	Kollaschek	ckollaschek3@nature.com	Male	
ORALEE	Pinckney	opinckney4@nyu.edu	Female	
FILBERTE	Blaksland	fblaksland5@tripadvisor.com	Male	
JULIETTA	Meakes	jmeakes6@pagesperso-orange.fr	Female	
MARCI	Prestage	mprestage7@pen.io	Female	
CELLO	Renton	crenton8@cmu.edu	Male	
THEO	Stoter	tstoter9@intel.com	Male	
LAURA	Midden	lmiddena@google.cn	Female	
DUKIE	Hazlehurst	dhazlehurstb@paypal.com	Male	
LILYAN	Blondell	lblondellc@cocolog-nifty.com	Female	
DANNI	Edgworth	dedgworthd@narod.ru	Female	
DOTTIE	Stride	dstridee@nps.gov	Female	
GILBERT	Kemwall	gkemwallf@imageshack.us	Male	
VALENTIA	Reeder	vreederg@ftc.gov	Female	
HORATIA	Logie	hlogieh@mayoclinic.com	Female	
TOMAS	Pechard	tpechardi@blogspot.com	Male	
KAROLY	Glanville	kglanvillej@who.int	Female	

Figure 15-3 – Méthode getAll de l'API

Étudions à présent la partie la plus intéressante, à savoir le script.

Pour commencer, nous déclarons une instance de Axios et nous définissons l'URL de l'API.

> **Important**
>
> L'URL ne doit pas être indiquée « en dur » dans la page, mais centralisée dans un fichier de configuration situé à la racine de l'application ou injecté par un fichier.

Dans les données, nous avons :

- un tableau d'utilisateurs `users` ;
- une variable `name` qui est liée à la saisie du nom pour la recherche ;

- la méthode `delay` qui permet de patienter pour ne pas exécuter une requête à l'API à chaque saisie de lettre. C'est une sorte de méthode de *throttling* (limitation de la bande passante) ;
- une variable `editing` qui informe si nous sommes en train d'éditer l'e-mail en inscrivant l'identifiant de l'utilisateur actif ou `null` dans le cas contraire ;
- `sex` qui est le tableau lu par l'élément `select` ;

l'objet `add` qui comprend chaque propriété d'un utilisateur hormis son identifiant. Il sera utilisé pour être envoyé à l'API pour insertion dans la base de données.

```
<script>
import axios from 'axios'

const apiUri = 'http://localhost:5000/';

export default {
  data() {
    return {
      users: [],
      name: null,
      delay: null,
      editing: null,
      sex: [
        { id: 1, lbl: 'Male' },
        { id: 2, lbl: 'Female' }
      ],
      add: {
        name: null,
        surname: null,
        mail: null,
        sex: 1,
      }
    }
  },
  methods: {
```

La méthode `setEdit` liée au bouton de modification affecte à la variable `editing` l'identifiant de l'utilisateur courant via `u.id` dans la boucle d'affichage. Par réactivité, lors de cette affectation, la cellule devient éditable. Nous posons ensuite le focus sur cette dernière avec la méthode `setTimeout`. Notons que nous utilisons le paramètre des millisecondes à 0 afin de garantir qu'une nouvelle tâche est ajoutée à la file d'attente du navigateur JavaScript et qu'elle est exécutée immédiatement après la mise en édition de la cellule.

```
    setEdit(id) {
      this.editing = id;
      setTimeout(() => {
        document.getElementById('row_' + id).focus()
      }, 0);
    },
```

Voici le rendu lors du clic :

Nom	Prénom	Mail	Sexe	Actions
WESTBROOK	Cobon	wcobon0@symantec.com	Male	
RODD	Perrigo	rperrigo1@rambler.ru	Male	
ANTONETTA	Chaplain	achaplain2@dmoz.org	Female	
CLAUDIUS	Kollaschek	ckollaschek3@nature.com	Male	
ORALEE	Pinckney	opinckney4@nyu.edu	Female	
FILBERTE	Blaksland	fblaksland5@tripadvisor.com	Male	
JULIETTA	Meakes	jmeakes6@pagesperso-orange.fr	Female	
MARCI	Prestage	mprestage7@pen.io	Female	
CELLO	Renton	crenton8@cmu.edu	Male	

Figure 15-4 – Méthode setEdit

Nous avons déjà évoqué la méthode `getAll` précédemment. Passons directement à `getStart`. Lorsque l'utilisateur appuie sur une touche du clavier, un `setTimeout` est affecté à la variable `delay`, c'est-à-dire une fonction de retardement (spécifiée à 1 seconde dans notre cas). Cette fonction, une fois le délai dépassé, appelle l'API avec `POST` pour pouvoir passer des données dans le paquet HTTP plutôt que dans l'URL. Nous créons un objet en paramètre, après l'URL, avec pour clé `name` et pour valeur la variable `name` liée à l'élément `input` de la recherche. Une fois les données de résultat fournies par l'API, nous assignons la variable `users` qui rendra le nouveau tableau. Ensuite, nous mettons à nouveau le focus sur l'input de recherche. Notons également la présence de la fonction `clearTimeout` qui permet d'annuler le délai affecté à notre variable `delay`.

```
getStart() {
  this.users = [];
  if (!this.name.trim()) return;

  clearTimeout(this.delay);
  this.delay = setTimeout(() => {
    axios
      .post(apiUri + 'userByName', { name: this.name.trim() })
      .then(response => {
        this.users = response.data;
        this.$nextTick(() => this.$refs['txtName'].focus());
      })
      .catch(error => console.error(error))
    }
  }, 1000)
},
```

La méthode `userCreate`, comme son nom l'indique, ajoute un nouvel utilisateur à la liste. En amont, nous vérifions que tous les champs soient remplis, sinon nous affichons une alerte. Cette fois, nous créons un objet complet de type utilisateur avec le nom, le prénom, l'e-mail et le sexe attendu par l'API. Une fois l'utilisateur créé, nous mettons à jour la variable `users` avec tous les utilisateurs retournés par l'API, puis nous vidons chaque élément `input` en réinitialisant la variable `add` car celle-ci est liée avec un `v-model`.

Note

Afin d'optimiser le traitement, il est préférable dans le cas de la pagination, par exemple, de tester si l'utilisateur est dans la liste affichée afin de ne pas rafraîchir tout le tableau.

```
userCreate() {
  if (!(this.add.name && this.add.surname &&
        this.add.mail && this.add.sex)) {
    alert('Tous les champs doivent être remplis');
    return;
  }
  axios
    .post(apiUri + 'user', {
      user: {
        nom: this.add.name,
        prenom: this.add.surname,
        email: this.add.mail,
        gender: this.sex.find(s => s.id === this.add.sex).lbl
      }
    })
    .then(response => {
      alert(`L'utilisateur ${this.add.name}
             ${this.add.surname} a été ajouté`);
      this.add = new Object({
        name: null,
        surname: null,
        mail: null,
        sex: 1,
      })
      this.users = response.data;
    })
    .catch(error => console.error(error))
},
```

La méthode de modification `userUpdate`, quant à elle, récupère l'objet utilisateur grâce à l'identifiant passé en paramètre, puis elle vérifie que le nouvel e-mail saisi est bien différent de l'ancien avant d'appeler l'API. Elle fait ensuite un appel via la méthode `POST` mais sur l'URL paramétrée avec l'identifiant, avec pour seule valeur dans le corps de requête le nouvel e-mail. La liste des utilisateurs est alors mise à jour comme pour la méthode précédente.

Note

Ici, nous rechargeons tous les utilisateurs, mais nous aurions pu uniquement mettre à jour l'utilisateur retourné par l'API dans le tableau de la variable `users`, si et seulement si ce dernier faisait partie du tableau courant (cas de pagination).

```
    userUpdate(id) {
      if (this.editing === null) return; // Champ vide
      this.editing = null;

      const u = this.users.find(u => u.id === id)
      const email = document.getElementById('row_' + id).innerText;
      if (email.trim() === u.email.trim()) {
        alert("L'e-mail n'a pas changé");
        return;
      }

      axios
        .post(apiUri + 'user/' + id, { mail: email })
        .then(response => {
          alert(`L'utilisateur ${u.nom} ${u.prenom} a été mis à jour`);
          this.users = response.data;
        })
        .catch(error => console.error(error))
    },
```

Et pour finir, voici le code de la suppression avec `userDelete`. Cette fois, nous appelons l'API avec l'alias `delete` de la bibliothèque Axios sur l'URL paramétrée de l'identifiant de l'utilisateur à supprimer. Pour le retour, la mécanique reste la même que pour les méthodes `userCreate` et `userUpdate`.

```
    userDelete(id) {
      const u = this.users.find(u => u.id === id)
      axios
        .delete(apiUri + 'user/' + id)
        .then(response => {
          alert(`L'utilisateur ${u.nom} ${u.prenom} a été supprimé`);
          this.users = response.data;
        })
        .catch(error => console.error(error))
    }
  }
}
</script>
```

Important

Afin que l'instance de Vue soit capable de prendre en considération la modification d'objet dynamique dans une variable déjà déclarée comme la liste d'utilisateurs, par exemple, il est préférable d'utiliser `set` de Vue plutôt que `attr` natif d'un objet JavaScript. Il en va de même pour la suppression. Ainsi, la réactivité sur ces objets perdure.

Code incorrect

```
user.id = response.data.id
delete user[id]
```

Code correct

```
Vue.set(user, "id", response.data.id);
Vue.delete(user, "id");
// Ou
this.$set(user, "id", response.data.id);
this.$delete(user, "id");
```

Nous passerons sur le style car il ne présente que peu d'intérêt.

Nous avons joué avec une cellule de tableau `td` grâce à la propriété `contenteditable` afin de réduire la longueur du code. Néanmoins, une meilleure pratique serait d'insérer un `input` et un `span` dans la cellule `td` du tableau et de faire commuter la visibilité des éléments lors de l'édition ou de la lecture, et d'affecter un `v-model` d'édition aux contrôles de saisie (`input` et `select`). Voici un exemple pour le template :

```
<td>
  <input v-if="editing" v-model="curUser.mail"/>
  <span v-else>{{u.email}}</span>
</td>
```

Bien entendu, nous aurons dans le script une variable `curUser` par exemple, avec chaque propriété (`name`, `surname`, `mail`, `sex`) qui sera liée à l'élément relatif tout comme la variable `add`.

Il est tout-à-fait possible, par exemple, de bloquer les boutons `actions` pendant l'utilisation de l'une des actions, d'utiliser des composants pour faire patienter l'utilisateur lors de la recherche, de faire des tests avant d'appeler l'API inutilement, d'ajouter des transitions, de créer de la pagination, d'exporter les méthodes dédiées à l'utilisateur dans un fichier `user.js`, par exemple, afin d'éclater l'écriture et de rendre génériques nos tableaux. La seule limite reste l'imagination du lecteur.

Pour terminer sur ce chapitre, ajoutons que lorsque nous avons besoin d'afficher des données provenant d'une API, il peut arriver que nous n'ayons pas besoin de les modifier mais uniquement de faire du rendu.

Reprenons notre code pour charger tous les utilisateurs, mais en mode asynchrone :

```
async getAll() {
   await axios
    .get(apiUri + 'users')
    .then(response => {this.users = response.data; })
    .catch(error => console.error(error))
}
```

Vue rend par défaut la variable `users` réactive et cela peut fortement nuire aux performances. Comme nous l'avons vu précédemment dans cet ouvrage, nous pouvons utiliser la méthode `Object.freeze` afin de figer, rendre immuable la liste des utilisateurs.

Néanmoins, si nous souhaitons ajouter des éléments ou modifier la liste, nous pouvons écrire le code suivant via la syntaxe de décomposition :

```
this.users = Object.freeze([...this.users, newUser]);
```

16

Le routage pour la navigation

À ce stade de l'ouvrage, nous connaissons les principes de Vue.js, nous savons manipuler des données et communiquer entre composants. Pour réaliser un site, une application, nous devons maintenant savoir naviguer entre les pages et les formulaires.

Pourquoi utiliser un plug-in de routage ?

Lorsque nous sommes dans une configuration d'application mono-page – que l'on appelle aussi SPA *(single page application)* –, Vue propose un plug-in officiel nommé `vue-router` qui permet de faciliter la gestion de notre routage. Ce plug-in offre plusieurs fonctionnalités telles que :

- gestion modulaire de routes imbriquées ;
- gestion programmatique/dynamique de navigation ;
- mode d'historisation compatible HTML 5 ;
- configuration triviale basée sur les composants ;
- etc.

De plus, il est possible d'utiliser des hooks pour intercepter les actions de navigation, mais également d'affecter des effets lorsque le routage est couplé au composant natif `transition`...

La figure 16-1 présente sommairement les quatre étapes du processus du router.

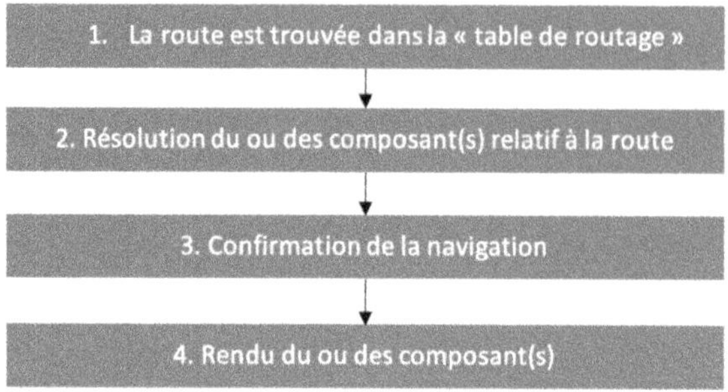

Figure 16-1 – Router – Cycle de vie

Comment installer le router ?

Tout d'abord, nous devons récupérer le plug-in. Pour cela, nous disposons de plusieurs possibilités :

- utiliser un CDN ;

le télécharger sur le dépôt git officiel, à l'adresse suivante https://github.com/vuejs/vue-router ;

- l'importer dans notre projet en tant que module via NPM, par exemple, comme suit :

```
npm install vue-router
```

Ensuite, comme tout module, il nous suffit de l'importer puis de l'intégrer à notre instance de Vue, comme cela :

```
import Vue from 'vue'
import VueRouter from 'vue-router'

Vue.use(VueRouter)
```

Note

Toutes les injections que nous ferons prochainement dans notre plug-in seront accessibles via l'appel au plug-in grâce à `this.$router`.

Comment définir une route ?

L'écriture de base d'une instance de `router` est indiquée ci-après, dans laquelle nous définissons le routage complet – composé d'objets de routes – dans l'objet de type tableau nommé `routes` :

```
export default new Router({
  routes: [// Objets de routes]
});
```

Ensuite, pour pouvoir faire le rendu, il suffit d'ajouter dans notre template :

- un élément `router-link` par route qui permet la navigation pour l'utilisateur et qui est la relation avec la route, soit par chemin (URL), soit par nom (voir route nommée plus bas dans le chapitre) par l'intermédiaire de la propriété `to` :

```
<router-link to="/foo">Aller à Foo</router-link>
```

- la balise du composant `router-view` qui est une sorte de conteneur où sera rendu le composant relatif à la route :

```
<router-view></router-view>
```

Préconisation pour la gestion du routage

Pour faciliter la gestion du routage, il est préconisé de créer un fichier centralisé dédié au routage et de l'intégrer ensuite dans l'instance principale de Vue. La figure 16-2 présente un exemple de structure de fichiers :

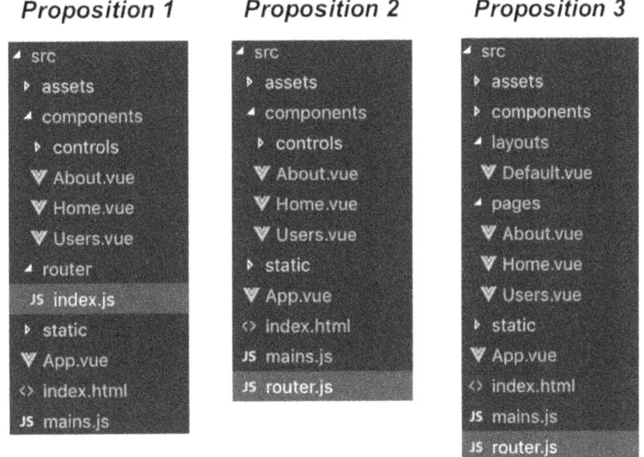

Figure 16-2 – Router - Structure de fichiers

Le fichier `index.js` inclus dans le répertoire `router` est une bonne pratique que nous trouvons de manière globale dans le monde JavaScript, même s'il ne contient qu'un seul fichier. Cependant, il est bien entendu possible d'avoir un répertoire contenant tous les plug-ins et dans lequel nous nommerons le fichier `router.js` plutôt que `index.js`, par exemple, ou avec ce même nom mais directement à la racine du projet. Les possibilités sont très nombreuses.

Dans la présente configuration, nous trouverons dans le fichier `index.js` le code suivant, en admettant que tous les composants dans le répertoire `components` soient des pages. Nous trouverons également un import de l'instance de Vue et du plug-in `vue-router`, puis la définition des routes.

Voici le code d'un routage :

Index.js

```
import Vue from "vue";
import Router from "vue-router";
import home from "../components/home";
import about from "../components/about";

Vue.use(Router);

export default new Router({
  mode: "history",

  routes: [
    {
      path: "/",
      redirect: "/home"
    },
    {
      path: "/home",
      component: home,
    },
    {
      path: "/about",
      component: about,
    },
    {
      path: "/users",
      component: () => import("../components/users")
    },
    {
      path: "/users/:id",
      name: 'user', // route nommée "user"
      component: () => import("../components/users")
    }
  ]
});
```

Note

Nous utilisons ici le mode `history` appartenant à la navigation HTML 5 qui utilise une sorte de cache de navigation.

Par ailleurs, nous trouvons dans ce code une route nommée (code ci-dessus) et programmée (méthode `mounted` dans le code ci-dessous). Nous reprendrons ces points plus tard.

main.js

```
import Vue from "vue";
import App from "./App";
import router from "./router";

// Permet de désactiver le linter
/* eslint-disable no-new */
new Vue({
  el: "#app",
  router,
  template: "<App/>",
  components: { App }
});
```

App.vue

```
<template>
  <div id="app">
    <p>
      <router-link to="/">Accueil</router-link>
      <router-link to="{ path : '/users'}">
        Utilisateurs
      </router-link>
      <router-link to="{ name: 'user', params: { id: 123 }}">
        Utilisateur Toto (id : 123)
      </router-link>
      <router-link to="/about">À Propos</router-link>
    </p>
    <router-view></router-view>
  </div>
</template>

<script>
export default {
  name: "app",
  mounted() {
    // route programmée
    // this.$router.push({
    //   name: "user", params: { name: "Fabien" }
    // });
  }
};
</script>
```

Le rendu navigateur sera le suivant (la ligne dans le hook est commentée) :

Accueil	Utilisateurs	À propos

La figure 16-3 montre ce que Vue.js devtools affiche lorsque nous naviguons sur chaque lien. À gauche, nous trouvons chaque route empruntée avec le chemin et le nom de la route. Pour chaque route, nous avons toutes les informations du composant d'où nous venons (`from`) et au-dessous, la même chose pour la cible, c'est-à-dire là où nous allons (`to`).

Figure 16-3 – Router – Vue.js devtools

Nous constatons donc que pour gérer une route, Vue nous offre plusieurs possibilités. À présent, nous allons développer un ensemble de possibilités telles que la définition par composants, par concordances dynamiques, par routes imbriquées, par routes nommées, par routes programmées, par vues…

Notons également que l'on nomme *registre de route* chaque objet `route` dans la variable `routes`, et que ces registres peuvent s'imbriquer pour définir des enfants…

Un composant pour page

Ceci est la méthode de base que nous avons vue précédemment et qui consiste à définir un chemin (`path`) associé à un composant (avec l'extension .vue). Par exemple, lorsque dans l'URL nous aurons /about, nous serons sur la page, sur le composant `About`. Il en va de même pour `home` et `users` :

```
import Vue from "vue";
import Router from "vue-router";
import home from "../components/home";
import about from "../components/about";
```

```
import users from "../components/users";

Vue.use(Router);

export default new Router({
  routes: [
    {  path:'/', component: Home  },
    {  path:'/about', component: About  },
    {  path:'/users', component: Users  }
  ]
});
```

Au niveau du template, nous pouvons utiliser pour le paramètre `to`, soit la route directe, soit un objet avec la clé `path` :

```
<router-link class="link" :to="/about">
  À propos
</router-link>
<router-link class="link" :to="{ path: '/about' }">
  À propos
</router-link>

<router-view></router-view>
```

Note

Lorsque nous mettons les noms des composants `Home`, `About` ou `Users`, ceux-ci sont des références aux imports de composants en amont de l'objet `routes`.

Comme nous l'avons vu avec le chargement de composant en *lazy-loading* dans un composant parent ou une page, nous pouvons faire de même pour le routage. Ainsi le code pourra être le suivant :

```
Vue.use(Router);

export default new Router({

  routes: [
    {
      path: "/users",
      component: () => import("../components/users")
    }
  ]
});
```

Astuce

Pour optimiser visuellement le chargement d'une page contenant beaucoup de contenu, il peut être intéressant d'utiliser le hook `beforeRouteEnter` (qui sera expliqué à la section « Intercepter une route de navigation », page 232) afin de récupérer les données en amont du rendu. Si nous procédons à un chargement classique des données provenant d'une API, par exemple, dans la méthode de crochet `mounted`, la page se charge et s'affiche. Viennent ensuite les données avec l'astuce proposée. Le tout est chargé conjointement, ce qui offre un rendu plus fluide. Notons que `mounted` reste plus rapide en termes d'exécution. Voici un comparatif des deux codes (voir les commentaires) :

```
<template>
  <div>
    {{ apiData }}
  </div>
</template>

<script>
async function getData() {
  const response = await fetch("apiUri");
  return await response.json();
}

export default {
  data() {
    return {
      apiData: []
    };
  },
  // Méthode mounted
  async mounted() {
    const t = performance.now();
    this.apiData = await getData();
    console.log(`mounted : ${performance.now() - t} ms`);
  },
  // Méthode beforeRouteEnter
  async beforeRouteEnter(to, from, next) {
    const t = performance.now();
    let res = await getData();
    next(vm => {
      vm.apiData = res;
    });
    console.log(`beforeRouteEnter : ${performance.now() - t} ms`);
  }
};
</script>
```

La concordance dynamique, mettre des variables dans nos routes

La concordance dynamique signifie que pour une même route, nous pouvons avoir un suffixe, un paramètre que l'on appelle un *segment dynamique* permettant de réaliser un rendu spécifique sur ce segment.

Admettons que nous ayons une route pour afficher tous les utilisateurs de notre application. Nous pouvons avoir comme définition, le code suivant avec un composant nommé `User` :

```
routes: [
    {  path:'/user', component: User  }
  ]
```

Si nous voulons à présent afficher le profil spécifique d'un utilisateur, il nous faut passer son identifiant, par exemple, `id` et le composant `User` se chargera de réaliser le rendu nécessaire. Pour ce faire, le chemin pourrait s'écrire comme suit, où `:id` est notre segment :

```
routes: [
    {  path:'/user/:id', component: User  }
  ]
```

Le composant `User` devra de son côté lire les paramètres `params` du plug-in `Router` afin de connaître l'identifiant – s'il est passé en paramètre – grâce au code suivant :

```
$route.params.id
```

Notons que `$route.params` affichera pour l'URL /user/132 l'objet suivant :

```
{id : 132}
```

Bien entendu, la route peut être composée de multiples segments. Supposons que nous voulons faire afficher l'enfant via son identifiant `id_child` pour l'utilisateur ayant l'identifiant `id`. Nous pouvons écrire la route comme suit :

```
routes: [
    {  path:'/user/:id/children/:id_child', component: User  }
  ]
```

Cette fois, `$route.params` affichera pour l'URL /user/132/children/465 l'objet suivant :

```
{id : 133, id_child : 465}
```

Dans notre template, il suffira de renseigner le paramètre `params` afin de lui fournir les valeurs ou de spécifier une chaîne complète comme ceci :

```
<router-link :to="{ name: 'user',
                    params: { id: 132, id_child: 456 }
                  }">
Enfant Fabien de l'utilisateur Maxime
</router-link>
```

```
// ou
<router-link :to="/user/132/456">
Enfant Fabien de l'utilisateur Maxime
</router-link>
```

L'objet `routes` remonte plus d'éléments que `params`. Nous pouvons trouver pour l'URL /users/julien?x=3&y=2 les données présentées au tableau 16-1.

Tableau 16-1. Liste des objets pour une instance de route

Nom	Type	Explication	Valeur
`name`	Chaîne de caractères	Nom de la route	Voir définition
`meta`	Chaîne de caractères	Argument `meta`	`{}` pour vide ou valeur définie
`path`	Chaîne de caractères	Chemin	`/users/julien`
`hash`	Chaîne de caractères	Hash	
`query`	Objet	Clé/valeur de la requête	`x:3` et `y:2`
`params`	Objet	Segments	`name : "julien"`
`fullPath`	Chaîne de caractères	Chemin racine	`/users/julien ?x=3&y=2`
`matched`	Objet		`path : "/users/ :name"`

Important

Lorsque l'utilisateur navigue sur un même composant mais avec des segments différents, l'instance du composant est identique. Cela signifie que les hooks de son cycle de vie ne sont pas appelées.

Il est donc nécessaire d'utiliser un `watch` – que nous avons déjà vu au chapitre 7 – ou bien d'utiliser la méthode d'interception `beforeRouteUpdate`. Une autre et dernière possibilité consiste à ajouter une propriété `:key` à l'élément `router-view` afin que le rendu soit généré à nouveau.

Voici le code pour l'observateur `watch` :

```
<script>
export default {
  watch: {
    $route(to, from) {
      // console.log(to, from);
    }
  }
};
</script>
```

Et la proposition de rendu généré à nouveau avec la propriété `key` :

```
<template>
  <router-view :key='$route.fullPath'></router-view>
</template>
```

Quant à la méthode d'interception, nous verrons plus loin comment l'utiliser dans la partie « Intercepter une route de navigation ».

Pour information, `vue-router` utilise comme moteur de concordance le module `path-to-regexp` qui fournit de multiples motifs. Vous pouvez consulter le répertoire git officiel à cette adresse : https://github.com/pillarjs/path-to-regexp.

Les routes nommées

Pour faciliter la lecture de navigation, notamment au niveau du template, nous pouvons affecter un nom à notre route. En reprenant celle contenant le composant utilisateur, nous pouvons avoir :

```
routes: [
    {  path:'/users/:id',
       name: 'user',
       component: User
    }
  ]
```

Ainsi, pour le code de notre template, nous supprimons la clé `path` pour écrire directement le nom de la route. Nous aurons le code suivant afin d'afficher l'utilisateur `Maxime` dont l'identifiant est `123` :

```
<router-link :to="{ name: 'user', params: { id: 123 } }">
Maxime
</router-link>
```

Les routes imbriquées

À ce stade, nous pouvons naviguer d'une page à une autre. Cependant, il peut être intéressant de pouvoir charger pour une même page un contenu enfant différent. Prenons l'exemple de la page utilisateur : dans un cas nous pouvons vouloir afficher son profil et dans un autre cas, nous pouvons souhaiter afficher tous ses rendez-vous, par exemple, si nous avons un service d'agenda. La figure 16-4 présente cela schématiquement :

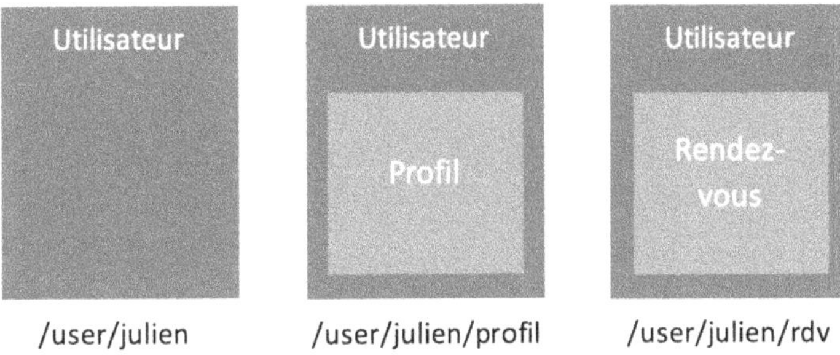

Figure 16-4 – Router – Routes imbriquées

Le routage devra contenir un nouveau paramètre de type tableau, nommé `children`, qui contiendra les enfants du composant `user`. Donc dans notre cas, le composant utilisateur aura pour enfants `profil` et `rdv`, représentés par les plus petits carrés dans le schéma de la figure 16-4. Le code sera le suivant pour notre fichier de routage, avec pour affichage par défaut le profil de l'utilisateur :

```
routes: [
  {
    path: "/users",
    component: () => import("../components/users")
  },
  {
    path: "/users/:name",
    component: () => import("../components/users")
    name: "user",
    children: [
      {
        path: "",
        component: () => import("../components/userProfil")
      },
      {
        path: "rdv",
        component: () => import("../components/userRdv")
      }
    ]
  }
]
```

Ensuite, dans notre composant `Users` (grands rectangles sur le schéma de la figure 16-4), nous devons ajouter un nouvel élément `router-view` afin que les enfants, à savoir les composants `userProfil` et `userRdv`, soient affichés à l'intérieur de celui-ci.

```
<template>
  <div>
    Contenu du composant Users
    <router-view></router-view>
  </div
</template>
```

Pour finir, dans le composant principal qui intègre le routage principal, nous pourrons naviguer sur les trois liens que sont la liste de tous les utilisateurs, le profil de Maxime et ses rendez-vous :

```
<!-- Tous les utilisateurs -->
<router-link class="link" :to="{ path: '/users' }">
  Utilisateurs
</router-link>
<!-- Profil de Maxime -->
<router-link class="link" to="/users/Maxime">
  Profil de Maxime
</router-link>
```

```
<!-- Rendez-vous de Maxime -->
<router-link class="link" to="/users/Maxime/rdv">
  Rendez-vous de Maxime
</router-link>
```

La vue, naviguer sur une page avec de multiples composants

Comme nous l'avons vu dans le schéma de composition d'une page dans le chapitre sur les slots (figure 8-1, page 118), nous pouvons avoir besoin d'afficher plusieurs composants sur une seule page. `vue-router` propose un élément nommé `router-view` qui n'a qu'un seul paramètre, à savoir un nom. Si ce paramètre n'est pas renseigné, la valeur `default` lui est affectée par défaut. En reprenant les composants du chapitre 8 consacré aux slots, nous aurons pour notre vue le code suivant dans le fichier de routage `index.js` :

```
routes: [
  {
    path: "/",
    component: () => import("../components/home"),
    children: [
      {
        path: "/",
        components: {
          default: header,
          mnu: menu,
          ctt: content
        }
      }
    ]
  }
]
```

Les trois composants `header`, `menu` et `content` dans notre exemple sont extrêmement simples avec un unique template pour la visualisation afin de comprendre le principe d'une vue de routage. Dans les fichiers sources, nous aurons donc :

```
const header = {
  template: "<div>HEADER</div>"
};
const menu = {
  template: `<div>
               <ul>
               <li>item 1</li>
               <li>item 2</li>
               </ul>
             </div>`
};
const content = {
  template:
    "<div>Lorem ipsum dolor sit amet, consectetuer adipiscing elit. Aenean commodo
```

```
    ligula eget dolor. Aenean massa. Cum sociis natoque penatibus et magnis dis
    parturient montes, nascetur ridiculus mus. Donec quam felis, ultricies nec,
     pellentesque...
    </div>"
};
```

Pour finir, le composant d'accueil de la vue, qui sera notre page en définitive, sera écrit comme suit :

```
<template>
  <div>
    <router-view class="view header"></router-view>
    <div class="wrapper">
      <router-view class="view menu" name="mnu"></router-view>
      <router-view class="view content" name="ctt"></router-view>
    </div>
  </div>
</template>

<script>
export default {};
</script>

<style>
.view {
  padding: 0.5rem 1rem;
}
.header {
  width: 100%;
  background: lightblue;
}
.wrapper {
  display: -ms-flex;
  display: -webkit-flex;
  display: flex;
}
.menu {
  flex: 20% 0 0;
  background: lightgreen;
}
.content {
  flex: 1 0 0;
  background: lightpink;
}
</style>
```

La figure 16-5 présente le rendu final :

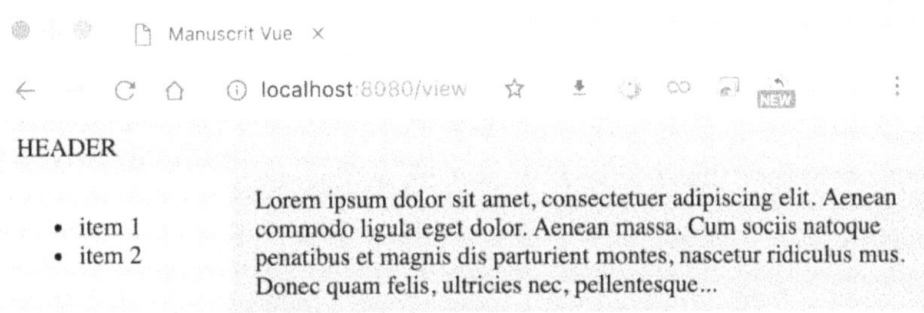

Figure 16-5 – Rendu d'une vue multi-composants avec router-view

Note

Le rendu n'est pas réellement utilisable en situation réelle car il faudrait insérer à la place du composant `content` un composant natif qu'est le `slot`.

Naviguer par le code, sans action de l'utilisateur

Nous savons désormais définir un routage et offrir à l'utilisateur des liens de navigation. Néanmoins, il est possible de naviguer de manière programmatique dans notre application par l'intermédiaire de trois méthodes : `push`, `replace` et `go`.

Lorsque l'utilisateur clique sur un lien d'un élément `router-link` dans le template, cela revient à appeler la méthode `router.push(…)` dans notre script. Cette méthode propose donc exactement les mêmes options que son homologue router-link. En reprenant l'exemple présenté en début de chapitre (voir le hook `mounted`), et en admettant que nous sommes sur la page d'accueil `Home`, nous pouvons de manière programmatique et en fonction des cas désirés, aller sur la page utilisateur `User` avec les méthodes suivantes :

```
// Chemin simple
this.$router.push("users");

// Objet avec chemin path
this.$router.push({ path: "users" });

// Objet avec une route nommée et un paramètre de nom
this.$router.push({ name: "user", params: { name: "Maxime" } });

// Objet avec une requête dont l'URL sera '/users?tri=nom&sens=asc'
this.$router.push({ path: "users", query: {
  tri: "nom", sens: "asc" }
});
```

La méthode `replace` fonctionne exactement comme la méthode `go` à une différence près : la nouvelle entrée (l'élément de navigation) ne s'inscrit pas dans la pile de l'historique de navigation en mode `history`. Pour l'utiliser, il suffit de remplacer `push` par `replace` :

```
this.$router.replace("users");
```

La méthode `go`, quant à elle, ne fait que se déplacer dans cette pile d'historique de navigation en proposant en paramètre le nombre d'entrées à avancer ou reculer. Supposons la pile suivante :

1. `/home`
2. **`/users`**
3. `/users/Maxime`
4. `/users/Maxime/rdv`
5. `/users/Maxime/rdv`
6. `/about`

Si nous sommes sur la seconde route (en gras) lorsque nous faisons :

- `go(1)` nous irons à la route numéro 3 ;
- `go(-1)` nous irons à la route numéro 1 ;
- `go(3)` nous irons à la route numéro 5 ;
- `go(10)` et `go(-10)` nous n'irons nulle part et aucune erreur ne sera retournée.

> **Note**
> L'utilisation de la fonction `go` est équivalente à `window.history` de JavaScript natif avec ses méthodes `go()`, `forward()` et `back()`...

Intercepter une route de navigation

Le plug-in `vue-router` propose plusieurs hooks afin d'intercepter une route que nous pouvons catégoriser en trois parties : interception globale, par route et par composant. Afin de comprendre facilement les étapes, illustrons cela par un exemple en considérant que nous sommes sur la page d'accueil (soit `/`), et que nous nous rendons sur la page des utilisateurs (soit `/users`). Il en va de même lorsque nous naviguons sur un même composant de `/users/fabien` vers `/users/julien`.

Interception globale

C'est une interception sur l'instance qui est appelée à chaque fois que l'URL change. Nous retrouvons les méthodes suivantes :

- `beforeEach(to, from, next)` : au début de chaque nouvelle navigation. C'est le point d'entrée à prioriser pour tester les habilitations ;
- `beforeResolve(to, from, next)` : avant la résolution d'une route ;

- `afterEach(to, from)` : lorsque tout est résolu et que le composant va être instancié. Cette méthode n'a pas de paramètre `next` car le routage est déjà effectif et cela n'a donc aucun effet sur la navigation.

Interception par route

L'unique méthode d'interception `beforeEnter(to, from, next)` n'est appelée que lorsque la route définie dans le router correspond à l'URL courante. Dans notre exemple, nous entrons dans cette méthode lorsque la route `/users` a trouvé correspondance entre l'URL et la définition. Cette méthode peut servir pour le préchargement des données, dans un store par exemple.

Interception par composant

L'interception opère lorsqu'un composant lié à une route est créé et détruit. Les méthodes sont les suivantes :

- `beforeRouteEnter(to, from, next)` : lorsque qu'il y a concordance entre le composant `Users` et la route `/users`. Nous pouvons dans cette méthode charger les données avant le rendu du composant. Notons que pour des données sensibles, il est préférable de faire un chargement synchrone et en amont, et de faire un chargement asynchrone dans le cas contraire.
- `beforeRouteUpdate(to, from, next)` : quand la route appelle le même composant courant. Par exemple, lorsque nous naviguons de `/users/fabien` vers `/users/julien`. Ici, nous pourrons mettre à jour des données dans le `local storage` par exemple.
- `beforeRouteLeave(to, from, next)` : appelée juste avant que le rendu ne change pour la nouvelle route `to`. Nous pouvons prévenir l'utilisateur avant de quitter la page.

Pour l'interception globale ou par route, ces méthodes s'utilisent soit directement dans le router, soit avec `this.$router.METHODE()`. Pour un composant, elles s'utilisent comme fonction directement.

> **Important**
>
> Lorsque nous sommes dans la méthode `beforeRouteEnter`, la navigation n'est pas confirmée donc nous n'avons pas accès à `this`.
>
> De plus, notons que toutes les méthodes sont asynchrones sauf `afterEach`.

Nous avons vu que les méthodes comportent trois paramètres nommés `to`, `from` et `next`.

Le paramètre `to` est un objet `route` correspondant à la cible, c'est-à-dire vers quel composant nous souhaitons naviguer. Le paramètre `from` est également un objet `route` qui spécifie la route courante. Enfin, le paramètre `next` est une fonction qui résout le hook.

À la fin d'un hook, il est donc nécessaire d'appeler la méthode `next()` pour valider ou invalider la navigation. Par défaut, la valeur de ce paramètre est `null`, ce qui signifie que nous laissons le routage s'actionner. Si nous écrivons `next(false)`, cela bloque la navigation. Par ailleurs, il est possible de faire une redirection en inscrivant l'URL comme ceci `next("/url")`, ou par l'intermédiaire d'un objet `route` comme déjà vu.

Pour finir, si nous passons une instance de `Error` à `next`, cela permet de transférer l'action sur la méthode `router.onError()`.

De la métadonnée dans les routes

Un élément complémentaire nommé `meta` peut être associé à une route sous forme d'objet afin de passer de la donnée sans la sortir en URL. Admettons que nous souhaitions saisir les titres de nos pages directement dans le routeur, puis lorsque la page est chargée, afficher les titres. Nous pouvons écrire dans notre route pour la page d'accueil, par exemple, cette propriété `meta` avec simplement une clé que nous nommons `title` et pour valeur une chaîne de caractères :

```
routes: [
  {
    path: "/",
    redirect: "/home",
    meta: {
      title: "Page d'accueil"
    }
  },
  // ...
]
```

Ensuite, grâce à un hook, nous pouvons récupérer dans le router la valeur de notre `meta` et l'insérer dans le titre du document, comme ceci :

```
route.beforeEach((to, from, next) => {
  if (to.meta && to.meta.title)
    document.title = to.meta.title;

  next();
});
```

Note

Bien entendu, cet exemple est ici donné à titre explicatif. Nous pouvons vouloir traiter une route différemment d'une autre, par exemple pour de l'authentification ou de la mise en page...

De l'animation dans la navigation

Comme nous l'avons vu au chapitre 10 sur les transitions, nous pouvons utiliser le composant natif transition pour donner un effet à chaque changement de page. Il existe deux méthodes : animation globale ou animation ciblée.

Animation globale

Cette méthode consiste à envelopper le composant dynamique `router-view` par un composant `transition` afin que toutes les pages bénéficient de cette animation. Reprenons l'exemple d'un fondu `fade`. Nous aurons alors le code suivant :

```
<template>
  <div id="app">
    <transition name="fade">
      <router-view></router-view>
    </transition>
  </div>
</template>

<script>
export default {}
</script>

<style lang="scss">
.fade-enter-active,
.fade-leave-active {
  transition-property: opacity;
  transition-duration: 0.25s;
}

.fade-enter-active {
  transition-delay: 0.25s;
}

.fade-enter,
.fade-leave-active {
  opacity: 0;
}
</style>
```

Animation ciblée

Il existe deux autres possibilités qui consistent à baser la transition dans le template d'un composant, comme suit :

```
const pageUne = {
  template: `<transition name="fade">
              <div>PAGE Une</div>
            </transition>`
};

const pageDeux = {
  template: `<transition name="slide">
              <div>PAGE Deux</div>
            </transition>`
};
```

L'inconvénient est que le composant `transition` est écrit dans le template du composant et donc déporté dans chaque fichier .vue. Il semble donc plus intéressant de se baser sur la route avec l'utilisation d'un intercepteur, soit dans le composant avec `beforeRouteUpdate()`, soit dans le router avec `beforeEach()`. Supposons que nous ayons trois liens, nommés `accueil`, `utilisateurs` et `à propos`, dans cet ordre. Lorsque nous sommes sur le lien `utilisateurs`, par exemple, et que nous cliquons sur `accueil`, la page doit glisser sur la gauche (et inversement si nous cliquons sur `à propos`). Nous pouvons ajouter une propriété `position`, par exemple, dans chaque objet de route afin de tester si la valeur du paramètre `to` est supérieure ou inférieure à `from`. Néanmoins, nous pouvons automatiser cela directement en récupérant la position de la route dans notre router. Nous gardons les composants écrits dans la section sur la vue afin de se focaliser sur le routage et la transition. Le routage dans le fichier `index.js` sera le suivant :

```
routes: [
    {
    path: "/",
    component: () => import("../components/routerTransition"),
    children: [
      { path: "", component: header },
      { path: "mnu", component: menu },
      { path: "ctt", component: content }
    ]
  }
]
```

Ensuite, nous écrivons le code du template du composant `routerTransition.vue`, qui est en fait la page, le composant parent de header, menu et content. L'unique intérêt ici est la propriété `name` sur le composant `transition` qui est liée à la variable `transitionName`.

```
<template>
  <div>
    <ul>
      <li>
        <router-link to="/rtransition">
        /rtransition (HEADER)
        </router-link>
      </li>
      <li>
        <router-link to="/rtransition/mnu">
        /rtransition/mnu (MENU)
        </router-link>
      </li>
      <li>
        <router-link to="/rtransition/ctt">
        /rtransition/ctt (CONTENT)
        </router-link>
      </li>
    </ul>
    <transition :name="transitionName">
      <router-view class="child"></router-view>
    </transition>
  </div>
</template>
```

Dans la partie script, nous avons la variable `transitionName` qui modifie le sens de l'animation (gauche ou droite) en fonction de la position courante (`from`) et de la nouvelle position (`to`). La valeur sera déterminée dans le hook `beforeRouteUpdate` où nous récupérons l'index dans le tableau `children` de la route courante pour les paramètres `from` et `to`.

```
<script>
export default {
  data() {
    return {
      transitionName: "slide-left"
    };
  },
  beforeRouteUpdate(to, from, next) {
    const routes = this.$router.options.routes.find(
      r => r.path === "/rtransition"
    );

    const children = routes.children;
    const fIndex = children.findIndex(
      r => r.path === from.path.substr(from.path.lastIndexOf("/") + 1)
    );
    const tIndex = children.findIndex(
      r => r.path === to.path.substr(to.path.lastIndexOf("/") + 1)
    );

    this.transitionName = fIndex < tIndex
                          ? "slide-right" : "slide-left";
    next();
  }
};
</script>
```

Pour finir, voici le code du style qui correspond à l'animation de glissement à gauche et à droite.

```
<style>
.child {
  position: absolute;
  transition: all 0.5s;
}
.slide-left-enter,
.slide-right-leave-active {
  opacity: 0;
  transform: translate(100%, 0);
}
.slide-left-leave-active,
.slide-right-enter {
  opacity: 0;
  transform: translate(-100%, 0);
}
</style>
```

Conclusion

Le cœur de Vue.js peut se suffire à lui-même pour construire un projet, mais l'univers dans lequel il évolue embarque une pléthore de modules tels : la gestion du routage (vue-router), la validation de formulaire (vuelidate), des librairies de composants (vuetify)… en plus de toutes les librairies externes que nous pouvons importer.

En somme, Vue permet de facilement développer des applications réactives JavaScript plus ou moins complexes. Comme nous l'avons vu tout au long de cet ouvrage, ce framework est :

- accessible : le système de templating est assez naturel pour un développeur front-end et le système réactif, ainsi que la syntaxe sont aisés à comprendre ;
- versatile : en fonction des besoins, nous pouvons utiliser ce framework de différentes façons et ce pour des objectifs de plus ou moins grande importance, du widget à l'application complexe utilisant du routage et de l'appel API, en passant par des composants, directives, plug-ins…
- performant : rappelons-nous du benchmark de performance en introduction ! De plus, après avoir écrit et testé plusieurs sources que nous trouvons dans cet ouvrage, nous observons que l'ensemble est fluide, la réactivité et le rendu sont rapides et efficaces.

Notons également qu'il nous est possible de réaliser des applications SPA classiques, mais également mobiles via NativeScript[1], de bureau via Electron[2], web static via Gridsome[3], etc.

Pour conclure, Vue.js est un framework ouvert stable, en constante et forte évolution, facile à prendre en main, scalable et performant.

1. NativeScript : https://www.nativescript.org/
2. Electron : https://electronjs.org/
3. Static : https://gridsome.org/

Index

P

R-T

U-V

W

Imprimé en Allemagne par BoD
Dépôt légal : janvier 2022

www.ingramcontent.com/pod-product-compliance
Ingram Content Group UK Ltd.
Pitfield, Milton Keynes, MK11 3LW, UK
UKHW050920270726
13994UKWH00011B/2449

9 782212 677836